经贸汉语高级口语
——公司案例篇

主　　编：黄为之

英语翻译：黄震华

编　　者：杨廷治　陈　辉　杨天舒
　　　　　黄锡之　成伟武　杨立群
　　　　　苏伯华

图书在版编目(CIP)数据

经贸汉语高级口语:公司案例篇/黄为之主编. —北京:北京大学出版社,2013.8
ISBN 978-7-301-22789-3

Ⅰ.经… Ⅱ.黄… Ⅲ.经济—汉语—口语—对外汉语教学—教材 Ⅳ.H195.4

中国版本图书馆CIP数据核字(2013)第152865号

书　　　名:经贸汉语高级口语——公司案例篇
著作责任者:黄为之　主编
责 任 编 辑:刘　正
插 图 绘 画:王　勇
标 准 书 号:ISBN 978-7-301-22789-3/H·3340
出 版 发 行:北京大学出版社
地　　　址:北京市海淀区成府路205号　100871
网　　　址:http://www.pup.cn　　新浪官方微博:@北京大学出版社
电　　　话:邮购部 62752015　发行部 62750672　编辑部 62753334　出版部 62754962
电 子 信 箱:zpup@pup.pku.edu.cn
印　刷　者:北京大学印刷厂
经　销　者:新华书店
787毫米×1092毫米　16开本　14.5印张　377千字
2013年8月第1版　2013年8月第1次印刷
定　　　价:50.00元(含MP3盘1张)

主编简历

黄为之，女，1940年出生，江苏人，1964年毕业于北京师范大学中国语言文学系，对外经济贸易大学教授，现已退休。主要著作有《历代诗苑览胜》丛书四册，近百万字，该丛书荣获1992年北京市高等学校第二届哲学社会科学优秀成果奖。另外先后出版了对外汉语教学系列教材:《经贸初级汉语口语》(上、下册)、《经贸中级汉语口语》(上、下册)、《经贸高级汉语口语》(上、下册)，编写了中央电视台录制的电视系列教学教材《实用商务汉语》《中级商务汉语实用会话》及国家汉办与教育部主持编写的《中国全景》(商贸汉语分册)、《汉语疑难词解析与活用》等书。

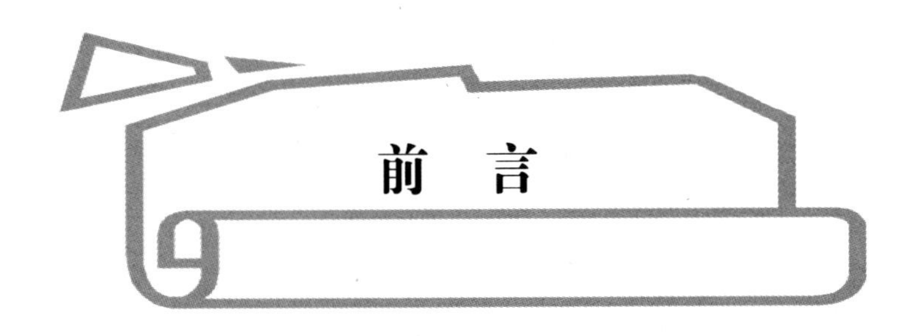

前　言

本书是《经贸汉语口语》系列教材（初级、中级、高级）的高级篇，是《经贸高级汉语口语》的姊妹篇。本书可以作为有较高汉语水平的留学生语言进修教材，也可作为高校经贸专业留学生专业课型的配套教材，既可提高汉语技能，又可学到许多经贸案例和相关的法律知识。

本书课文中的经贸案例，都是发生在中国的真实故事，都是经法院审理裁决且新闻媒体公开报道过的典型性案件，其中一些还属于当年“十大经济案件”，具有相当的典型性和普遍意义，曾引起社会极大关注。

本书所选案件涉及房地产、汽车、IT、文化、知识产权、股市、金融、保险等广泛产业和领域，另外还有一些涉外经贸案件，对了解中国国情、经贸市场环境、相关法律、机遇与风险，以及如何遵法守法、合法经营、共建规范的市场，都是一部实用的参考书。古人说：君子爱财，取之有道。本书对准备在中国从事经贸工作的外国朋友和学习经贸专业的留学生都会有很多实际的帮助。

法律是十分严肃的，而且涉及当事人的各种权利，课文中的案例都没有虚构成分，也没有演绎，因为原案案情可能比较复杂，为了有利于教学，我们只是隐去了当事人的真实名字，用某先生、某小姐代称，并化繁为简，由记叙文体改写为对话体，在表述形式上也采用更适合教学的方式，但都绝对忠实原案。法律文件都比较严肃而沉重，在编写过程中，我们用浅显易懂的口语，力求使内容深入浅出，轻松活泼，生动有趣，易读便解，好学好教，兼具严肃性与科学性，充满理性化与人情味。

本书也是一本口语教材，无论课文或是练习，都以强化口语训练为出发点，为教与学提供了大量多种语境的练习机会，教师和学习者都有充分的发挥空间。

本书共33课，每课4课时，可供两个学期教学使用。编写体例与《经贸汉语口语》系列教材的前几册基本一样，每课包括案情、庭审、生词、练习四部分，没有注释；生词列得相对较少，但加注了词性。练习题形式多样、灵活有趣，但有一定难度，多了一些阅读与理解；通过这些练习，不仅可以正确理解词义，学习到许多新词语，更可以进一步深入理解课文 。在编写过程中，还有意留下了一些词语难点，需要学生动手动脑，有一定汉语基础的留学生，完全可以通过查字典自己解决。这也要求在教学中，必须要抓好预习这个环节。预习有多方面的好处，预习的好坏，直接影响教学效果。教师和学生，都要格外重视。

本书的案例，都选自人民法院网、《经济日报》等网络、报刊新闻媒体，没有一一注明出处，在此对相关的网络、报刊的编辑和记者，涉案当事人、律师，一并表示衷心的感谢！

本书的英文翻译是对外经济贸易大学黄震华教授。参加本书编写工作的还有杨廷治、陈辉、杨天舒、黄锡之、成伟武、杨立群、苏伯华。

本书的不足之处，衷心欢迎专家和师生指正！

作者

2013年3月25日

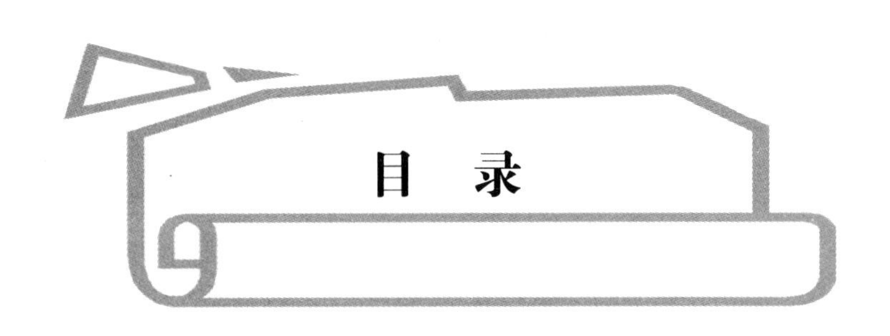

目　录

第一课　违约纠纷案

案情

李先生：王律师，我是慕名而来，您一定要帮帮我。

王律师：别客气，您请说。

李先生：我是一家房地产公司的代表，我们公司被人家告上法庭了。

王律师：谁告你们了？为了什么事？

李先生：我们同一家广告公司签了一份合同，双方约定，他们在合同规定时间内，为我们提供广告服务，通过多种渠道，为我们公司宣传，在重要媒体上刊登广告，我们也应在限定时间内支付120多万元广告代理费。

王律师：后来发生了什么纠纷呢？

李先生：合同执行结束后半年，对方提起诉讼，要求我们一次支付本金、违约金及律师诉讼费共计240多万元。

王律师：为什么？

李先生：因为我们的合同中有一条，如果我们没有实时支付广告代理费，则应另外支付每日千分之三的违约金。

王律师：你们没有实时履约，按合同约定时间付款吗？

李先生：是。我们的付款能力其实没有问题。但当时我们以为，我们双方合作得很好，付款早点儿晚点儿不是什么问题，不知不觉中，半年就过去了。

王律师：你们就一直没有付款？

李先生：是的。谁知，我们两家公司因为一些事情闹得不愉快，竟至反目！

王律师：噢，这就是你们大意失荆州了。

李先生：我们两家公司都是知名企业，我们还想同他们再续签一个合同，结成长期合作的伙伴关系，现在看来，这个愿望也成镜花水月了。

王律师：您这案子很简单，也很清楚，这是一场必败的官司。

李先生：您可是有名的律师，也有打不赢的官司？

王律师：当然有！任何律师都要依法行事，任何官司都要依法裁决。

李先生：唉！一招不慎，得支付240多万啊，您说窝囊不窝囊。

王律师：或许，我能帮您挽回一些损失，少付一些钱。

李先生：那也好啊！这样，我输了官司，出点钱，心里也不至于太憋屈。

王律师：你们的合同和履约过程，都没有明显瑕疵，法庭不会纠缠在琐屑的小事上。

李先生：那您有什么高招？

王律师：没有什么高招，当然还是依靠法律。我们可以作一个这样的推论，如果我是广告公司老板，您违约了，我暂不追究，会是什么结果？

李先生：不停地向我追索滞纳金。

王律师：对。如果把这件事极端化，广告公司只需要每隔两年向你们讨要一次这笔款项，然后在20年后向仲裁委员会提出仲裁，这样完全可以在法律规定的有效期内，把自己的利益最大化。我们是不是可以坐享成果，什么事都可以不干了？

李先生：这种推论成立吗？法庭会按您这种推论判案吗？

王律师：那您就等好消息吧！

庭审

法院开庭了。被告方的代理律师没有回避被告的过失，但就“每日千分之三违约金”提出了质疑。王律师认为，这是本案的关键。王律师强调说，如果把这个违约金约定折合成年利率，竟高达109.5%，比高利贷还要高。根据《关于人民法院审理借贷案件的若干意见》，“民间借贷的利率可以适当高于银行的利率，但最高不得超过银行同类贷款利率的四倍，超出部分的利息不予保护”。广告公司代理律师诉称，对违约一方，不仅要承担违约责任，还应该给予惩罚。王律师说，违约金本身是对违约行为的经济制裁，但在《合同法》中规定，违约金的性质主要是补偿性的，有限度地体现惩罚性。中国的法律实践上有一个基本前提，就是任何人不应该通过一次诉讼“挣钱”，不能以超出限度的高利贷利率和追讨违约金，谋求利益的最大化；案件当事人可以通过诉讼挽回自己的损失，对违约一方进行合理惩罚，但如果通过诉讼“一夜暴富”，就违反法律的初衷了。

法院采纳了王律师的意见，考虑到可能造成的利息损失，法院最后裁定：房地产公司支付广告公司本金和违约金共计140万元，其余101万元违约金不予支持。

生词

1. 慕名	mùmíng	*v.*	on account of someone's reputation
2. 渠道	qúdào	*n.*	channel
3. 媒体	méitǐ	*n.*	media
4. 纠纷	jiūfēn	*n.*	dispute
5. 诉讼	sùsòng	*n.*	lawsuit; litigation
6. 履约	lǚyuē	*v.*	perform the contract

7. 裁决	cáijué	*v.*	verdict
8. 窝囊	wōnang	*a.*	helplessly vexed
9. 憋屈	biēqu	*a.*	depressed; dejected
10. 瑕疵	xiácī	*n.*	flaw
11. 纠缠	jiūchán	*v.*	entangle
12. 琐屑	suǒxiè	*a.*	trivial
13. 推论	tuīlùn	*n./v.*	infer; make an inference
14. 追索	zhuīsuǒ	*v.*	recover; recourse
15. 极端化	jíduānhuà	*v.*	go to extremes
16. 回避	huíbì	*v.*	evade
17. 质疑	zhìyí	*v.*	call in question
18. 初衷	chūzhōng	*n.*	the original intention

练习

一、复述本课案情：

二、根据课文内容，回答下面的问题：

1. 李先生为什么不去找别的律师，而专门去找王律师？
2. 李先生为了什么事去找王律师？
3. 房地产公司与广告公司发生了什么纠纷？
4. 房地产公司为什么没有按合同约定及时付款？
5. 王律师为什么说这是一场必败的官司？
6. 王律师的推论是否有道理？
7. 双方合同约定的“每日千分之三违约金”是否合理？为什么？
8. 怎样理解对违约一方的经济“惩罚性”条款？
9. 法庭是否支持了原告一方的全部诉求？为什么？

三、根据课文内容，模拟法院庭审过程，分角色展开法庭辩论：

法官、原告代理律师、被告代理律师

四、阅读下面的成语、俗语故事，然后回答问题：

1. 大意失荆州：中国古典名著《三国演义》里有这样一个故事：诸葛亮派关羽镇守荆州。关羽骄傲轻敌，又粗心大意，轻率出兵攻打曹操，孙权乘虚而袭荆州，荆州失陷，关羽败走麦城。后用"大意失荆州"比喻因疏忽大意而导致失败或造成损失。课文里用这句话比喻的是什么事？你能举出一个"大意失荆州"的例子吗？
2. 镜花水月：这个词原作"镜像水月"，本来是佛家语言，意思是"镜子中的影像，水中的月亮"都是可以看见却不能触摸的，比喻虚幻不实，可望而不可得。后来"镜像水月"多用作"镜花水月"，如有这样的词句："镜里拈花，水不中捉月，觑(qù，看)着无由近着伊(你)。""水上月如天样远，眼前花似镜中看。见时容易近时难。"课文里用"镜花水月"比喻的是什么事？
3. 一招不慎：这是下棋的术语，"一招"也作"一着"，走一步算一着，如说才下几着你就输了。下棋时常说"高着儿"，指下了一着好棋；"观棋不语，不能瞎支着儿"，是说看人下棋，不能说话，给下棋的人讲怎么走棋。"一着不慎，满盘皆输"是说下棋时一着棋下得不谨慎，没有走好，结果一局棋都输了。课文里"一招不慎"是指什么事？你从中得到什么教训？

第二课　失火索赔案

案 情

记　者：张律师，听说您打赢了一场“无中生有”的索赔战，其中的过程，一定很有意思，能给我说说吗？

张律师：这个案子给我上战场的感觉，我必须隐瞒自己的军情，摸清对方的作战思路和兵力配置，然后再出击。这是我这几年办过的最过瘾的一场诉讼。

记　者：听起来很刺激，快给我说说。

张律师：好。是一位做红酒生意的王老板找到我，说他遇到一件麻烦事，得请我帮帮忙。

记　者：什么事？

张律师：老板说，他租借了A公司的一处仓库存放红酒，春节期间，库房失火，所存红酒，全部付之一炬，损失惨重。问我他还能否挽回损失。

记　者：您肯定是赢了！

张律师：是，但没那么容易。我问王老板与A公司签订有合同吗？

记　者：不用猜，他肯定说有。

张律师：我要他把合同给我看看，王老板说没有带

来。他立即让公司秘书用传真给我发过来一份。

记　者：合同对王老板有利吗？

张律师：我看了合同，合同的第四条有明确约定，租赁期内，乙方（即王老板）的库存货物如果发生火灾、水灾、偷盗和其他一切因甲方管理不善的损失，由甲方承担。从这份合同的约定看，案子不难打。

记　者：那太好了，看来王老板的公司就有救了。

张律师：但是，合同上A公司的公章和签字都不清楚，我担心有什么问题。

记　者：大概是传真效果不好吧。

张律师：所以，我要求王老板尽快把合同原件给我送过来。王老板说合同原件存放在仓库里，也在大火中烧了，这份合同是他的备份合同，本是一份空白格式合同，合同内容是他根据回忆重新填写的。我一时无语。没有合同，这官司怎么打？即使王老板根据回忆重新填写的合同准确无误，对方不会承认，法庭也不会采信。

记　者：说不定被告要反诉你们无中生有，告你们一个诬陷呢！

张律师：是啊，可王老板再三哀求我，说我要不救救他，他就要破产了。他的真诚感动了我，我相信他所说的一切都是真实的。

记　者：您还是决定帮他打这场看起来注定要失败的官司？

张律师：是。你说被告可能反诉我无中生有，我就要无中生有，没有合同，我也要找到合同！

记　者：怎么找？到哪儿去找？

张律师：我对王老板说，你既然找到我，我一定尽力。现在，我给你提一个要求，你一定要好好配合我。

记　者：什么要求？

张律师：关于合同已经被大火烧毁一事，我要他严格保密，在案子判决以前，不要对任何人说。

记　者：为什么？

张律师：我不能让对方知道我的真实意图。我只能明修栈道，暗度陈仓。

记　者：这是什么战术？

张律师：这个案子的关键，是要有真实的合同原件，这只能从被告那儿得到，我达到了这个目的，我们就胜利了。

记　者：明修栈道可是工程巨大，旷日持久啊！您怎么做呢？

张律师：你就看庭审吧。

庭审

经过充分准备，王老板把A公司告上了法庭。法庭开庭审理。在法庭上，张律师说："我的委托人持有一份格式合同的备件，合同原件存放在仓库里，虽然在大火中同货物一起烧毁了，但我约见了仓库保管员，他承认有这样一份合同，而且说，公司过去所签仓储合同都是由他保管的，火灾发生后，才被仓库经理收走了。"说完，张律师当庭出示了第一份证据，仓库保管员的一份笔录和一份录音。保管员也出庭作证。然后，张律师接着说："我约见了仓库经理，让他看了我持有的合同，仓库经理承认，确实有这样一份合同。他说，'按照合同确实应该赔偿，作为仓库经理他应该承担管理不善的责任。'仓库经理的回答可以确定，我的委托人和A公司所签合同中，确实有发生火灾A公司应该赔偿的条款，而且A公司手中确实有合同。"这时，张律师向法庭申请，要求A公司拿出合同原件。在法庭上，张律师还出示了大量王老板的红酒出入库单据。经过法庭的辩论和举证，法庭采纳了原告代理律师的陈述，要求被告出示合同原件。法庭和双方律师在确认了合同的真实性后，法庭认为，合同真实有效，失火过失是仓库租出方造成的，应该赔偿原告方的全部损失。

生词

1. 思路	sīlù	*n.*	line of thought
2. 配置	pèizhì	*v.*	deploy
3. 过瘾	guòyǐn	*a.*	enjoy oneself to the full
4. 刺激	cìjī	*v.*	stimulate
5. 付之一炬	fù zhī yí jù		burn; commit to the flames
6. 采信	cǎixìn	*v.*	adopt
7. 诬陷	wūxiàn	*v.*	frame (up)
8. 哀求	āiqiú	*v.*	implore
9. 意图	yìtú	*n.*	intention
10. 战术	zhànshù	*n.*	tactics
11. 旷日持久	kuàng rì chíjiǔ		protracted
12. 举证	jǔzhèng	*v.*	provide evidence
13. 陈述	chénshù	*v.*	state; give account
14. 租赁	zūlìn	*v.*	lease

练习

一、复述本课案情：

二、根据课文内容，回答下面的问题：

1. 为什么说课文所涉案件是一场“无中生有”的索赔战？
2. 王老板手中持有一份什么样的合同？他所持的合同有法律效力吗？
3. 张律师明知这场官司失败的可能性很大，为什么还是接了这个案子？
4. 张律师说，她要打这场战争，“必须隐瞒自己的军情，摸清对方的作战思路和兵力配置”，这是什么意思？除了要求王老板对合同被烧毁事保密外，她还隐瞒了些什么？

5. 张律师在法庭开庭审理前都做了哪些准备工作？
6. 张律师向法庭申请，要求A公司拿出合同原件，意味着什么？
7. 张律师为什么说这是她这几年办过的最过瘾的一场诉讼？

三、根据课文内容，模拟法院庭审过程，分角色展开法庭辩论：

法官、原告代理律师、被告代理律师

四、根据下面的案情回答问题：

李小姐通过一家房地产中介公司，与王先生签订了《房屋买卖合同》。合同约定："王先生将一处房屋以80万元出售给李小姐，当日支付24万元，用于结清王先生购买该房的银行按揭款，合同签署后十日交房，逾期一日支付房款1%的违约金。"合同签字后，李小姐当日就支付了首付款，同时双方去银行办妥了结清王先生的按揭尾款、解除抵押等手续，王先生还配合李小姐向银行办理了申请贷款的手续。各方只等银行放贷结清购房余款，把房屋过户给李小姐。不料，房地产中介公司把房产证原件丢失，银行无法放贷。王先生不愿协助中介公司去补办房产证，随后又委托另外一家房地产公司售房，总价100万元。李小姐与中介公司、王先生协商无果，不得不上诉法庭。在律师的帮助下，李小姐向法院申请财产保全，在起诉前查封了涉案房屋。法庭最后判决：继续履行合同，王先生还必须支付未按时交房的违约金，否则，法院将强制办理过户手续。

1. 李小姐是否履行了合同的约定？
2. 王先生一房二卖是否违约？
3. 李小姐在起诉前为什么要向法院申请财产保全？
4. "逾期一日支付房款1%的违约金"，一日的违约金是多少？如果应付的违约金过高，也必须支付吗？
5. 法庭为什么最后作出那样的判决？

五、阅读课本，解释词语：

1. 无中生有：本是一个贬义词，意思是凭空捏造。课文中，这个成语出现了四次，有的用作贬义，有的用作了褒义。请指出来，哪儿是贬义？哪儿是褒义？用作褒义的“无中生有”是什么意思？

2. 一时无语：请解释词义。张律师听了王老板的陈述后，为什么会“一时无语”？

六、阅读下面的成语、俗语故事，然后回答问题：

明修栈道，暗度陈仓：这是一句军事术语，也是古代一个著名的战例。秦朝末年，楚（霸王项羽）汉（刘邦）争夺天下，双方约定，谁先攻下秦朝都城咸阳，谁得天下。项羽势力强大，迫使先入咸阳的刘邦退居偏远的汉中（今陕西南部）和巴蜀（今重庆、四川）地区。为防止刘邦再入关中（指陕西咸阳、西安一带），项羽派重兵把守刘邦进入关中的必经之地陈仓（今陕西宝鸡市东）。刘邦退居汉中途中，将长达好几百里的栈道全部烧掉，以示无再回关中之心，以打销项羽的疑虑，使其疏于戒备。所谓“栈道”，是指在悬崖峭壁的险要地方凿孔支架，铺上木板而建成的通道，可以行军、运输粮草。同年八月，时机成熟，刘邦派大将带领一万人修五百里栈道，限一月内修复。这样浩大的工程，在常人看来，即使三年也不可能完成，因而麻痹了陈仓的守将。栈道如期修复，刘邦率精锐部队沿隐秘的山间小路，翻山越岭，偷袭了陈仓，进而挺进关中，为建立汉朝奠定了基础。

1. 根据上面的故事，说说“明修栈道，暗度陈仓”是什么意思？
2. 张律师说采用“明修栈道，暗度陈仓”的策略，显然是个比喻的说法，她所说的“栈道”“陈仓”是指什么？

第三课 “阴阳合同”案

案 情

张先生：刘律师，我想向您咨询一个法律问题。

刘律师：好，您请说。

张先生：我把我在黄金地段的一套90平方米的房子卖了，在一家房地产中介公司的主持下，与买方邓先生签订了买卖合同。

刘律师：合同是在双方自愿情况下签的，又有正规的房地产公司作中介，应该是有效合同。合同履行了吗？

张先生：履行了。售价是160万元，按合同的约定，邓先生当日就付清了首付款120万元，还付了4万元中介费。

刘律师：合同履行很顺利嘛，那还有什么问题呢？

张先生：我的那套房刚买了四个月，现在出售就得交纳营业税。

刘律师：是。按国家规定（2009年），未住满两年的普通住房在交易时，需交纳差额的5.5%的营业税。

张先生：签约的时候，中介公司告诉我有这么一项税收政策。我一算，5.5%的差价差不多就是10万元，我就不想卖了。可邓先生买房心切，他说他可以替我出这10万。

刘律师：看来，这买家确实看中了您的房子。

张先生：他随后提出一个避税的方法，说我们可以另外再签一份合同，房屋的售价是60万元，比我买这房子还低了10万，这样就没有差价了。

刘律师：你们签了？我明白了，你们是想用签阴阳合同的办法来避税？

张先生：是。在二手房交易中，现在大家都这么做，这已经是公开的秘密。

刘律师：可这是违法的，一旦税务部门查出，不但要补交税款，还要受到罚款处罚；如果逃税达到一定数额，还要追究刑事责任。

张先生：这是天知地知，你知我知的事，俗话说，“民不举，官不究”，两厢情愿，政府明知阴阳合同的事儿，也很难查到。再说我也拗不过买家，他急着准备结婚用房，我只好同意签了。

刘律师：你这是急人之难，成人之美！

张先生：谁想到，签约半个月后，我的房屋价格，再度飙升，可以卖到180万元了。我好后悔，决定房子不卖了，愿意退还邓先生的首付款。

刘律师：这倒也好，这样你们签的阴阳合同没有执行，也就没有了我刚才说的风险了。

张先生：你也许知道，现在房价飞涨，卖方强势，房屋过户的所有税费，甚至包括卖方的个人所得税，中介费，都由买方承担，邓先生鸡飞蛋打，死活都不答应。

刘律师：你们本来就是周瑜打黄盖嘛，彼此就不能谅解了？

张先生：在中介公司的主持下，我们多次协商，都没有达成协议，而且邓先生说我违约，要求我按照合同约定付违约金。刘律师，您说我怎么才能不承担违约责任，解除合同？

刘律师：如果是这样，也只好申请法院裁决了。

张先生：您是说，我把对方告上法庭，我会胜诉吗？

刘律师：肯定胜诉。

张先生：这也有点对不起邓先生了，房没买到，还吃了官司。

刘律师：是啊。不过，也只有这样，才能解除合同。您不肯卖房吃亏，就只好欠人家的人情了。

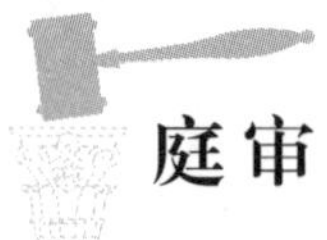

庭审

不久，法院开庭审理这桩阴阳合同案。法庭经过当庭调查，认为双方签订的阴阳合同是非法的。我国《合同法》规定，“当事人订立合同、履行合同，应当遵守法律和行政法规，遵守社会公德，不得扰乱社会经济秩序，损害社会公共利益。”又规定“恶意串通，损害国家、集体或者第三人利益，以合法形式掩盖非法目的”的合同为无效合同。当事双方签订的阴阳合同明显违反了上述规定，因此适用上述条款，应依法解除。

生词

1. 中介	zhōngjiè	*n.*	agent
2. 避税	bì shuì		evade tax
3. 追究	zhuījiū	*v.*	call to account; investigate
4. 拗不过	niùbuguò	*v.*	unable to dissuade
5. 飙升	biāoshēng	*v.*	rise quickly; rocket
6. 强势	qiángshì	*a.*	in a strong position
7. 当事人	dāngshìrén	*n.*	litigant; person concerned
8. 扰乱	rǎoluàn	*v.*	disturb
9. 串通	chuàntōng	*v.*	gang up; collude
10. 掩盖	yǎngài	*v.*	cover up

练习

一、请复述本课案情：

二、根据下面的采访记录和课文内容，回答下面的问题：

记　者：刘律师，我有几个问题，可以占用您一点时间吗？

刘律师：可以，请说。

记　者：您对今天这个案子的法庭判决满意吗？

刘律师：原告胜诉，合同已经解除，作为原告代理律师，当然满意。这是意料中的事。

记　者：您接手这个案子的时候，就知道会胜诉吗？

刘律师：因为签订阴阳合同本身就是违法行为，不会受到法律的保护。只要上诉法院，肯定会裁定合同无效。

记　者：签订阴阳合同，除了得不到法律保护外，还有别的风险吗？

刘律师：因为双方到主管部门登记时，用的是低价合同，不是实际交易价格的合同，这对买卖双方都存在多方面的风险。

记　者：比如，拿低价合同去银行贷款呢？

刘律师：因为这份合同交易价格过低，银行很可能拒绝贷款。

记　者：如果房主想再次转让房子呢？

刘律师：因为买入价低，出售时房屋评估价相应也会低；如果卖出时价高，这样买入卖出的差价就大，交易税就更高了。这里面的经济损失是明显的。此外，还有不少风险，今天就不说了吧。

记　者：谢谢！

1. 什么叫“阴阳合同”？他们为什么要签订“阴阳合同”？
2. 签订“阴阳合同”有什么风险？
3. 刘律师为什么说，张先生胜诉是“意料中的事”？
4. 邓先生为什么愿意代替卖家交纳营业税？
5. 谁是“阴阳合同”的受害者？他们会得到什么教训？

6. 4万元的中介等项费用,还能要回来吗?
7. 刘律师说,张先生"只好欠人家的人情",这是什么意思?你能理解张先生卖房的反悔行为吗?说说理由。

三、阅读课文,回答问题:

1. "民不举,官不究",意思是老百姓自己不检举、不提起诉讼,官府就不过问、不追究。现在的法律,也有这么一条,但这只是针对一般民事纠纷,有的案子,特别是大案、要案,会启动公诉程序,即使民不告,也会诉至法庭。本课所涉案件,是否属于"民不举,官不究"一类案件?
2. 鸡飞蛋打:意思是鸡飞走了,蛋打破了,比喻付出了代价,眼看要办成的事没有办成,两头落空,一无所得。课文里,"鸡飞蛋打"是指什么事?

四、阅读下面的成语、俗语故事,然后回答问题:

1. 成人之美,这是《论语》里孔子的一句话。孔子说:"君子成人之美,不成人之恶。小人反是。"意思是说,君子成全别人的好事,不促成别人的坏事。小人却正好与这相反。在中国人的心里,从古至今,"君子"和"小人"都是相对而言的两种人,区别是有德和无德,以及道德标准的高低。说说课文里,刘律师说的"急人之难,成人之美"是什么意思。
2. 周瑜打黄盖:中国古典名著《三国演义》里有一个精彩的战例:火烧赤壁。曹操领军进驻赤壁,准备攻打东吴,东吴大将周瑜与诸葛亮合谋抗曹。曹操派蔡氏兄弟打入东吴军中,刺探军情,诸葛亮周瑜和老臣黄盖将计就计,当着东吴满朝文武大臣,演了一出好戏。周瑜令全军积极备战抗曹,而黄盖力主投降,周瑜怒斥黄盖在大敌当前,动摇军心,令军士痛打黄盖五十军棍,打得黄盖皮开肉绽,死去活来。夜里黄盖让人偷渡长江,向曹操送去投降书信,此时蔡氏兄弟也来信密报证实周瑜打黄盖之事,曹操信以为真。后周瑜又让庞统向曹操献连环计,让曹操把战船或30只一队,或50只一组,都用铁锁连到了一起。黄盖率军借投降之名,点燃曹军船员。曹操的战船因铁锁连在了一起，无法逃脱，曹军几乎全军覆没。

这个故事后来演化出一句歇后语：“周瑜打黄盖——一个愿打一个愿挨”。说说课文里所说“周瑜打黄盖”是说的什么事？在商业活动中，有“周瑜打黄盖”这样的事吗？你能举例说说吗？

第四课　连环债务案

案情

法　官：请问，你们这是在做什么？

张老板：我们正准备开张营业。

法　官：你们怎么在这儿开店呢？

张老板：我们租了这儿的店铺，房东邵某欠了我们15万元钱，答应把这间店铺租给我们，用租金抵消欠款。

法　官：这栋红楼商厦已经被拍卖了，你们不知道吗？

张老板：不知道啊！我们同红楼商厦的董事长邵某签有合同。

法　官：你能把合同给我看看吗？

张老板：当然可以。

法　官：你们上当了！你们这合同不受法律保护。

张老板：为什么？

法　官：这栋楼的所有权人邵某，向招商银行贷款1500万元，以这栋楼东楼地下一层和地上一层作为抵押。到还贷日，邵某没有归还银行贷款。银行起诉到法院，判令邵某还款，并查封了楼房。

张老板：可我们也有租赁合同……

法　官：我刚才仔细看了，你们的合同是在房产抵押权实现后签的。所以你们必须撤离商厦。

张老板：撤离商厦？我们这一层的店铺，同我一样，都是邵某用租金抵偿贷款租给我们的，我们也有合同，凭什么要我们撤离？

法　官：我刚才给你解释过了，你们是在法院判决生效以后，才同邵某签订的合同，所以银行有优先权，而且银行已经把邵某的房产拍卖了。请你们不要干扰我们执行法院的裁决。

张老板：这个大骗子，房子都被拍卖了，还跟我们签租赁合同！

法　官：邵某怎么会欠你这么多钱？

张老板：他向我借钱，日利率3‰，算起来，利息很高，我就借给他了。后来他说一时没钱还我，就答应把这店铺租给我。这栋楼的不少店铺老板，都跟我们一样，都是这样租的。

法　官：这也是教训。你们在租房前，应该到房管部门去查询一下，凡是被抵押或被查封的房产，房管部门都有备案。

张老板：我们哪儿懂啊！他还以进场保证金和店员押金为由，先后向我索要了5000多元呢！法官先生，那您说我们该怎么办？

法　官：您可以联合跟您一样受骗的债权人一起向法院起诉邵某，维护你们的权益。

张老板：我们还能把借给他的钱追回来吗？

法　官：你们在贷款时，要求邵某提供抵押担保了吗？

张老板：没有。

法　官：这就不好说了，即使你们胜诉，也可能因为债务人没有财产可供执行，他也还是无法偿还债务，何况邵某目前已经失踪。

张老板：哎，怨我当初贪图他的高利率高回报，现在也只能打碎牙往肚子里咽了。

法　官：你们还是可以先向法院起诉，也许还有希望。

张老板：我们也只能死马当活马医了。

庭审

张老板联络了60多家企业和个人，以欠债为由，将邵某上诉法庭。法庭最后判定原告胜诉。根据我国《合同法》中“买卖不破租赁”原则的规定，租赁物在租赁期间，发生所有权变动的，不影响租赁合同的效力；但是如果租赁合同是在抵押权实现后签订的，则不适用“买卖不破租赁”原则。因此，所有租赁了邵某已经抵押并拍卖了的店铺商家，必须全部撤离。目前，邵某已经失踪，法院将尽快使其归案。其他债务，待邵某归案后，再依法令其偿还。

生词

1. 抵消	dǐxiāo	*v.*	cancel out
2. 抵押	dǐyā	*v.*	mortgage
3. 查封	cháfēng	*v.*	seal up
4. 撤离	chèlí	*v.*	pull out
5. 干扰	gānrǎo	*v.*	interfer; disturb
6. 教训	jiàoxùn	*n.*	lesson
7. 查询	cháxún	*v.*	inquiry
8. 备案	bèi àn		record
9. 失踪	shīzōng	*v.*	disappear; be missing
10. 贪图	tāntú	*v.*	covet; seek

练习

一、复述本课案情：

二、根据课文内容，回答下面的问题：

1. 什么叫“连环案”？
2. 张老板是什么时候与邵某签订店铺租赁合同的？他签的合同是否有效？为什么？
3. 日利率3‰的高额利息，会受到法律保护吗？为什么？
4. 张老板在借贷和租赁店铺的过程中，有什么教训？
5. 借贷中，为什么需要债务人提供财产抵押担保？
6. 租赁邵某已抵押房产店铺的商家，为什么必须撤出红楼商厦？
7. 什么是“买卖不破租赁”原则？
8. 邵某是什么时候失踪的？他会逃过法律的制裁吗？

三、阅读下面的案例，然后回答问题：

德国一家公司，在互联网上看到中国A进出口公司在寻找客户，是一份很大的进口货物订单。德国公司立即同A公司取得联系，并很快飞往中国，同A公司见面洽谈。A公司的总经理、销售经理和翻译参加了商务谈判。谈判进行得很顺利，双方很快达成了协议。随后，销售经理以给总经理买礼物为名，向德国公司索要好处，说：“这是我们当地的习俗，大家都是这样做的。”德国公司为了不失去这份订单，虽然不情愿，也只好遵照销售经理的要求，送了12万元礼金。谁知回国后，再也联系不上A公司，仿佛是从人间蒸发。这时，德国公司才醒悟是受骗了，于是向中国警方报警。中国警方经过90天侦察，抓住了犯罪嫌疑人。原来，A公司是通过中介虚假出资注册成立的一家公司，翻译也是临时聘来的。

1. A公司是一家什么公司？
2. 以送礼为名索要好处，是“当地习俗”还是索贿受贿行为？

3. 德国公司为什么会上当受骗？
4. 什么叫“人间蒸发”？ A公司的人为什么要玩“人间蒸发”的游戏？
5. 本课文中涉及两起诈骗案的案例，其中有什么教训？

四、假如你是记者，请你去采访一家本案中受骗的银行。

关键词：招商银行　红楼商厦　抵押　拍卖　贷款
上诉　成交价1760万元　判决

五、阅读课文，回答问题：

1. “打碎牙往肚子里咽”，字面意思好理解，牙齿破碎了，应该吐出来，反而咽进了肚子里，显然这是一个比喻，是说自己做什么事，吃了亏，只能强忍了，有时是表明自己坚强，有时也表示很无奈。课文里张老板说这话是什么意思？
2. “死马当活马医”，看起来马已经死了，但还不肯放弃，还存一点希望，所以就当马还活着，继续给它医治。这是人们在事情几成定局而不肯放弃、再坚持努力一下时常说的一句话。课文里张老板说这话是什么意思？

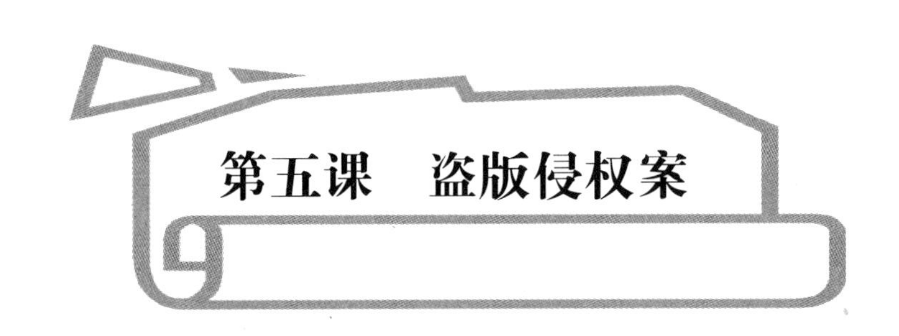

第五课　盗版侵权案

案 情

原　告：我是美国微软公司的代表本杰明·阿兰道夫，我们想请您做我们的代理律师。

李律师：什么案子？

原　告：一桩盗版侵权案。

李律师：请你说说案情。

原　告：我们发现思创未来公司未经微软公司许可和授权，擅自在他们出售的计算机中预装微软Windows XP专业版和Office 2003专业版软件。

李律师：你们有证据吗？

原　告：有。10月16日至11月6日，我们在思创未来公司位于不同地点的四家门店，一次购买4台，前后三次，一共购得个人台式计算机12台。这些计算机都预装有我们的软件。

李律师：这些计算机是你们自己去购买的吗？

原　告：不。我们委托了一家知识产权公司和一家公证处，他们共同派工作人员一起去购买的。

律　师：他们取得相关证据了吗？能确实证明这12台计算机，是从思创未来公司的门店购买的吗?

原　告:知识产权公司和公证处的工作人员,在购买计算机的同时,获得思创未来公司门店出具的销售凭证、保修卡、思创未来DIY组装机质保卡、售后服务承诺书以及思创未来公司的公司介绍。

李律师:啊,你们的取证工作做得非常专业!

原　告:这些证据充分证明,思创未来公司在销售的计算机中安装盗版软件,是一种惯常和持续的侵权行为,给我们公司造成了巨大经济损失。

李律师:那么,你们打这场官司要达到什么目的呢?

原　告:我们请求法院判令被告,立即停止侵权行为;赔偿我们经济损失人民币50万元,其中包括调查费及取证费143361.92元,公证费18000元,律师费5万元。

李律师:好。我可以做你们的诉讼代理律师,请您把有关材料给我,我好深入研究一下案情,做好上诉准备。

原　告:好,谢谢您!

李律师:我所说的有关材料,也包括你们确实拥有被盗版软件的知识产权所有证明。

原　告:好的。我们的Windows XP专业版和Office 2003专业版软件发表后,在美国版权局都进行了注册登记,相关材料,我们将一起给你送来。

李律师:上诉法院的同时,你们要向法院提出证据保全申请,请求查封扣押思创未来公司的销售记录及财务账册,并提交财产担保。

原　告:好,谢谢您!

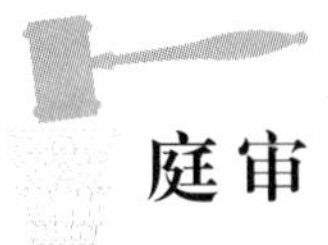

庭审

法庭开庭审理思创未来公司侵权案，双方代表和代理律师出庭，原告诉称，微软公司享有Windows XP专业版和Office 2003专业版软件的著作权，原告通过证据保全公证发现，被告在销售的计算机中安装盗版软件是一种惯常和持续的侵权行为，给原告造成了巨大经济损失。思创未来公司辩称，他们所销售的产品为计算机配件，从未进行过计算机整机的生产和销售，不可能存在原告所称的销售预装盗版软件的计算机的行为。原告立即反驳说，被告公司的介绍说，他们是“一家专业计算机配件代理商，又是一家专业的计算机装机商”。而原告在被告门店购买的计算机也都是整装的组装机，而非配件；被告还辩称，原告指控的侵权行为，是有关销售人员在原告委托的调查人员的引诱之下，为了促成交易、保住个人利益而作出的个人行为，并非公司行为。被告当庭出示了销售员段某的一份证词，但段某没有出庭作证。原告代理律师反驳说，段某的证言不具有真实性，他作为思创未来公司的销售人员，与公司有利害关系，其证言不具有证明力，并且他仅证明12次侵权行为中的一次销售过程，不能说明思创未来公司的行为系销售人员的个人行为。法庭经过举证和激烈辩论。法庭认为，原告的诉讼有事实和法律依据，本院予以支持。原告微软公司系美国法人，依照我国与美国共同加入的《保护文学艺术作品伯尔尼公约》的规定，对于成员国作者的作品，无论是否发表，均应受到保护。被告没有证据证明该公司复制、发行上述软件得到了微软公司的许可，因此，思创未来公司销售预装微软公司上述软件的计算机，其行为侵犯了微软公司的著作权，应当承担相应的法律责任。由于被告的侵权行业具有普遍性和连续性，在确定赔偿数额时，应予以着重考虑。思创未来公司在法院指定的限期内，未能提供相关产品的销售记录和财务账册，应承担消极举证的法律后果。因权利人的实际经济损失和侵权人因侵权所得无法确定，法庭依据相关法律，可以酌情处以50万元以下的赔偿。法院据此裁决：思创未来公司立即停止其侵权行为，并赔偿微软公司经济损失35万元及诉讼合理支出11万余元，对涉案12台组装机予以收缴。

生词

1. 盗版	dào bǎn		piracy
2. 侵权	qīnquán	*v.*	tort
3. 授权	shòuquán	*v.*	authorize
4. 擅自	shànzì	*ad.*	arbitrarily
5. 委托	wěituō	*v.*	entrust
6. 公证处	gōngzhèngchù	*n.*	notary office
7. 凭证	píngzhèng	*n.*	proof; evidence
8. 扣押	kòuyā	*v.*	detain
9. 惯常	guàncháng	*a.*	usual
10. 持续	chíxù	*a.*	continuous; persistent
11. 辩称	biànchēng	*v.*	argue
12. 反驳	fǎnbó	*v.*	refute; retort
13. 引诱	yǐnyòu	*v.*	induce
14. 酌情	zhuóqíng	*v.*	at one's discretion

练习

一、复述本课案情：

二、根据课文内容，回答下面的问题：

1. 什么是盗版？盗版是一种什么行为？

2. 什么叫著作权？什么叫知识产权？
3. 各国法律对著作权、知识产权，有什么相应规定？《保护文学艺术作品伯尔尼公约》是一个什么公约？
4. 盗版或侵犯他人知识产权，应承担什么样的法律责任？
5. 为什么说，思创公司的侵权行为具有普遍性和连续性？
6. 思创公司出售的涉案计算机，是否已经构成侵权？
7. 微软公司发现侵权行为后，是如何取证的？如果你发现有人（或公司）侵犯了你的著作权（或知识产权），你会怎样取证？
8. 李律师为什么要求微软公司上诉法院的同时要向法院提出证据保全申请？
8. 为什么原告不认同被告的侵权行为是销售员的个人行为？
9. 法庭为什么裁定被告应承担消极举证的法律后果？
10. 关于被告的赔偿数额，法庭是依据什么裁定的？

三、根据课文内容，模拟法院庭审过程，分角色展开法庭辩论：

法官、原告代理律师、被告代理律师

四、阅读下面的案例，然后回答问题：

北京中易公司向法院提起上诉，状告美国微软公司和微软（中国）公司，在中国国内和世界其他地区销售的每一套Windows 2000、Windows XP、Windows 2003等操作系统中，都含有郑码中文字库和中文输入法，可以说，正是该中文字库和中文输入法对Windows中文操作系统的支持，才使美国微软公司获得巨额利润。法院受理此案后，微软公司向中国专利复审委员会递交了《郑码专利无效宣告请求》。专利复审委员会依法驳回了微软的申请，维持郑码发明专利权有效。微软不服，上诉法院。在庭审中，原告与被告双方争议的焦点问题是郑码专利是否具有新颖性和创造性。最终法院驳回微软的起诉请求，维持国家知识产权局专利复审委员会作出的审查决定。经过长达两年半的审理，法院最终裁定，微软侵犯了中易公司的知识产权，必须立即停止侵权行为，停止生产、销售、使用中易公司享有的宋体、黑体两套曲线中文字库共约4万多个汉字的著作权。但因这些产品已经不再是微软的主要产品，微软不需向中易公司赔偿，只需要承担750元的法院受理费用。对此判决，双方都不满意。

1. 北京中易公司与微软公司为什么事打官司？
2. 双方争议的焦点是什么？你能说说双方的理由吗？
3. 微软Windows中文操作系统给微软公司带来了怎样的效益？
4. 法院的判决结果是什么？双方为什么都不满意？你认为，此案还会有什么变化？
5. 你的计算机装有中文处理系统吗？你使用什么中文输入法？

五、说明下列各句中“专业”一词的具体含义：

1. 你们的取证工作做得非常专业！
2. 你是学习什么专业的？
3. 计算机软件开发的专业性很强。
4. 我是一个普通工人，没什么专业知识。
5. 他们家是养殖专业户。

六、假设你去购买一台笔记本电脑，同售货员说一段话，用上下面的关键词：

正品	配置	原装	软件	中文
保修卡	盗版	组装机	说明书	

第六课　十二生肖金币案

案情

田先生：孙律师，我受范先生的委托，请您为他打一场官司。

孙律师：范老是著名的画家，在国内外享有很高的声誉。范老能来找我，我很荣幸，愿尽绵薄之力。

田先生：最近，范老在全国多家报纸上看到销售十二生肖纯金纪念币广告，并在广告中声称范先生将进行现场签售。这些都是虚假消息。

孙律师：怎么是虚假消息呢？怎么可能多家报纸同时发布一样的虚假消息呢？除非他们有共同的消息来源。

田先生：是的。这些消息，是香港金币总公司和中福海文化发展有限公司发布的。

孙律师：他们得到授权了吗？

田先生：没有。范老从未对任何人和任何单位授权使用他创作的《十二生肖图》用于生产和销售所谓的"十二生肖纯金纪念币"，也从不参与任何所谓的"现场签售"活动。

孙律师：您是说，范老与他们没有任何关系？

田先生：2005年，范老曾同意金币公司以《十二生肖图》为题材，发行一套纯银纪念币，而从未同意生产、销售纯金纪念币。

孙律师：看来，复制、发行带有《十二生肖图》作品的金币是否取得合法授权，是一个关键问题。

田先生：是的。所以他们的行为，是非法使用范老作品，严重侵害了范老的著作权，他们发布的虚假广告内容，也严重侵犯了范老的名誉权。

孙律师：打这场官司，你们有什么要求呢？

田先生：当然首先是要求他们立即停止侵权行为，赔礼道歉，为范老恢复名誉。

孙律师：这些都是范老的合法权益。

田先生：从他们的广告宣传看，他们共生产侵权产品5000套，销售价格每套19800元，纪念品行业的利润水平约为40%，所以，他们获利应超过2000万元。他们也应该对范老作必要的经济赔偿。

孙律师：这个要求也很合理。

田先生：情况大体就是这样，就请您作为范老的代理律师，向法院提起上诉。

孙律师：好，请您和范老同我签一份正式的委托书吧。你们有什么证据吗？

田先生：我们有十余份报纸原件、购买的纯金纪念币一套、纯银纪念币一套、中海福公司为购买人开具的销售发票，纯金纪念币包装盒内还有如下材料：对中海福公司销售的十二生肖纯金币编号进行的公证，每一份公证书只对应一套纯金币，购买的金币编号为0665；防伪技术协会出具的防伪证书一份；金币公司承诺书等共计12份材料。

孙律师：很好，请您给我送来。我可以立即开展工作。

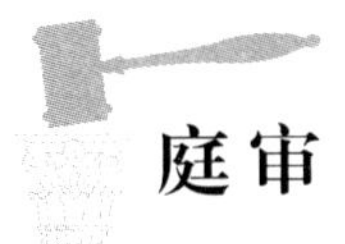

庭审

法院受理此案后，择日公开开庭审理。原告范先生的委托代理人田先生、孙律师，被告中福海公司的委托代理人张先生到庭参加了诉讼。被告金币公司经本院公告传唤，没有正当理由未到庭，本院对其进行缺席判决。在庭审中，原告提交了报纸原件、购买的纯金纪念币、纯银纪念币实物及完整包装等共计12份材料。被告中海福公司辩称：我公司对原告陈述的事实没有异议，但我们公司也是受害者，我们只是金币公司十二生肖纯金币海内外唯一代理商和总经销商、范先生签售活动的承办方。我们与金币公司签订有《十二生肖纯金币制作发行协议》，承办签售活动的授权书、金币公司给我公司出具的发给范先生请求授权的信件的复印件，信件下方有范先生亲笔签名，我们是根据金币公司提供的素材，设计金币图案的，金币公司的承诺书承诺，由此引发的法律问题由金币公司负责。金币公司篡改了原告的授权，金币公司的欺诈行为，致使他们也损失了几百万，因此他们也是受害人。他们不应承担侵权责任，也不应承担赔偿原告损失的责任。法庭经过质证和辩论，根据事实和相关法律，最终判决：本院认定被告金币公司、中海福公司复制、发行了侵犯原告著作权的涉案金币，应就其各自的侵权行为承担停止侵权、赔偿损失、赔礼道歉的法律责任。综合考虑每套涉案金币的黄金价值、发行数量、发行价格，结合两家被告公司各自侵权行为的性质、过错程度等因素，本案原告主张500万元的赔偿数额，证据充分，本院予以支持。香港金币公司赔偿300万元，中福海公司赔偿200万元。

生 词

1. 声誉	shēngyù	*n.*	reputation
2. 绵薄	miánbó	*a.*	modest
3. 名誉	míngyù	*n.*	fame; reputation
4. 传唤	chuánhuàn	*v.*	summon to court
5. 缺席	quē xí		be absent
6. 承办	chéngbàn	*v.*	undertake
7. 涉案	shè'àn	*v.*	involved in the case
8. 性质	xìngzhì	*n.*	nature
9. 因素	yīnsù	*n.*	factor

练 习

一、复述本课案情：

二、根据课文内容，回答下面的问题：

1. 你能依次说出十二生肖的名称来吗？你能告诉大家，你属什么吗？
2. 为什么说，多家报刊上发布的关于范先生将进行签售活动，都是虚假消息？
3. 金币公司以范先生《十二生肖图》为题材制作、销售的金币，是否得到范先生授权？金币公司给中福海公司的一份复印件中有范先生的亲笔签名，他们的这个签名是从哪儿来的？
4. 范先生向法庭提供了哪些证据？这些证据是否充足有力？
5. 据你看，香港金币公司为什么不出庭？法庭进行缺席判决，是否正当合法？
6. 中福海公司如何为自己辩护？辩称他们也是受害者，你对此有什么看法？

7. 范先生向法庭提出500万元的赔偿诉求，是否合理？法庭最终支持了范先生的诉求，这是当年知识产权案例中赔偿数额最高的一例。法庭的裁决，根据是什么？
8. 中福海公司在与香港金币公司签订合同的过程中，有什么失误？法庭最终判决中福海公司也应承担相应法律责任，为什么？
9. 在本课的案件中，两被告香港金币公司与中福海公司所负法律责任有什么不同？为什么有这样的不同？

三、阅读下面的案例，然后回答问题：

A广告公司从B国际图书贸易公司购买了一幅著名画家冯先生的作品《虎图》，支付了80万元，发票写明"书画原作"。两年后，A公司在一次偶然的机会，得遇冯先生，高兴地谈及此事，于是拿出画请冯先生看。冯先生仔细看后说，你这是一幅赝品，画上的题字与原作不同，且原作至今仍保存在香港一家服装公司董事长手中。冯先生亲自出具了证明：此图为赝品。这样，A 公司把B公司告上了法庭。

1. A公司购得的《虎图》是真品还是赝品？为什么？
2. 法庭会采信冯先生出具的证明吗？为什么？
3. 这个案子，法庭将怎样裁决？

四、根据课文，回答问题：

现场签售，是现在最时髦的一种商业活动，凡是名人，影视明星、电视台名嘴、著名作家、当红歌手，能写书、能出光盘、能拿到市场上去推销的一切东西，都可能搞声势浩大的现场签售，都会有无数粉丝去追捧。当然，想一睹名人风采，围观、看热闹的也不少。

1. 什么是现场签售？
2. 商家搞现场签售活动的目的是什么？
3. 范老为什么从来不参加这种活动？
4. 你参加过这种活动吗？有什么感受？

五、选词填空，然后说说你选择的理由：

（声誉　　名声　　名誉）

1. 他的________很坏，没有人肯跟他共事。

2. 他是我们学校的________教授。

3. 你做事做人，总得顾自己的________吧！

4. 他的行为损害了我的________，应该公开向我赔礼道歉。

第七课　雪碧陷入情杀案

案情

记者：警官先生，我想请您谈谈今天审理的这起“雪碧汞中毒”事件。

警官：这是一起因婚外情引发的情杀事件。

记者：可口可乐公司怎么会扯进这么一桩荒诞的案子？

警官：刘某是一位有夫之妇，且生有一子。只因为老公正忙于升迁，自己一个人生活空虚无聊，总想寻找刺激，搞点小浪漫，就找了一个比自己小七岁的男子马某做情人，却又发现马某与自己的表妹有染。

记者：又是一个陈旧不堪的故事。发现情人用情不专，移情别恋，同自己的表妹甚至别的女人有暧昧关系，因爱生恨，于是起了杀心。这类故事，虽然老掉了牙，依然是乱纷纷，你方唱罢我登场。

警官：是。刘某为了报复，预想过多种杀害马某的方案，比如将马某打晕塞入下水道，用车将其拖到郊区用汽油烧死等，后来觉得这些方法过于残忍，就在保安高某的指导下，在马某的食物中投放水银(学名“汞”)，实施投毒方案。

记者：人在喝下汞后，会导致肾衰竭而慢慢死去，其实这一招更阴毒！

警官：开始两次投毒，都因马某觉察未遂。一天，马某约刘某到大悦城豆捞坊会面。刘某先到，知道马某喜欢喝雪碧，便准备了一听已投放汞的雪碧，马某到后，拿起雪碧就喝，不一会，就口吐汞珠。

记者：不用说，这是急性汞中毒！

警官：马某经抢救转危为安，想到雪碧属于国际知名品牌可口可乐公司，也许会得到一大笔赔偿，明知是刘某所为，仍然与刘某统一口径，订立攻守同盟，企图嫁祸于可口可乐公司。

记者：看来，这桩案子，刘某是蓄意谋杀，马某是故意嫁祸于人，而可口可乐公司完全是无辜的了。

警官：事情没这么简单。马某立刻通过家人向政府信访办反映此事，并向媒体披露，通过媒体向可口可乐公司维权，声称不排除用法律手段解决。

记者：这是先声夺人，要争取舆论的同情和支持啊。

警官：雪碧汞中毒事件，爆炸式地出现在各种媒体上，可口可乐公司和供货商一时有口难辩。他们首先无条件地积极救治马某，并表示不向当事人提出任何索赔要求，但为了公司的清白和商业信誉，也不得不报警。于是，我们着手调查。

记者：你们从哪里入手？

警官：首先，我们委托一家检测中心在不损坏涉案雪碧罐的情况下检测其密封性，并请马某的亲属、可口可乐公司、供罐商的代表共同见证检测过程和结果。

记者：什么结果？

警官：我们对马某所喝的雪碧罐，进行了罐内涂膜、罐体密封性、外观等三项检测，检测后确认，均无问题，也无任何来自外力的破坏。

记者：那么，是不是生产原料，或者生产过程有问题呢？

警官：你这个问题提得很好，我们当然也考虑到了，所以我们随即对相关环节进行了调查，对可口可乐生产流水线进行了检测。

记者：结论呢？

警官：可口可乐公司的生产线，几秒钟出产的产品就有几百罐，我们对两批次所谓问题产品进行过检测，全部合格，原料方面的因素可以排除。

记者：生产过程呢？

警官：可口可乐公司的生产线和设备均不含有汞成分，生产流程全自动，没有人工手工操作，所以这方面也不会有问题。

记者：那么，怎么解释马某汞中毒事件呢？

警官：雪碧销售量很大，如果产品有问题，不可能是一罐两罐，没有发生大规模事件，说明马某的汞中毒，应该只是个例。

记者：那么，问题就出在流通领域了？

警官：你说得很对。我们可以肯定，该事件是人为投毒。

记者：排除了可口可乐公司和供应商的干系，所以你们又把调查的重点转到了刘某、马某身上？

警官：是，我们把侦察重点转移到事发时与马某一同就餐的顾客身上，其中当然包括马某和刘某。

记者：啊，事情经过还这么复杂！

警官：经过反复调查取证，两名嫌疑犯先后归案，并对涉案事实供认不讳，我们还从刘某家中搜出了相关作案物证。刚才的法庭审理，你在现场吗？

记者：我旁听了全过程。

庭审

在两个嫌犯羁押即将满一年后，法庭第二次开庭分别作出判决。首先开庭审理的是马某。检方认为，马某涉嫌损害商业信誉、商品声誉罪。马某的辩护律师辩护说，马某在报警的当天接受过两次警方询问，在第一次警方询问时，曾告诉警方他不记得谁打开的雪碧，只是在警方一再追问下，为了掩饰情人关系，才说是自己打开的。但第一次询问笔录没有入卷，如果第一次笔录入卷了，其中有"不记得"的表述，那么可以证明马某说谎没有主观故意。在听取了控辩双方的意见之后，经过合议庭合议，法庭当庭宣判：马某捏造并散布虚假事实，损害他人商业信誉、商品声誉，情节严重，已构成损害商业信誉、商业声誉罪，处以有期徒刑一年，罚金1000元。法庭解释宣判理由时说，"你要知道你的客观行为导致的后果，你虚构自己开启雪碧，在当时的状态和老百姓对食品卫生的恐惧下，让老百姓产生的基本认识是雪碧有问题。这才是法庭判决你的原因。"一个月后，法庭再次开庭，审理刘某。法庭认为，刘某非法剥夺他人生命的行为，已构成故意杀人罪，刘某的辩护人所提出的未给马某身体造成伤害的辩护意见，法庭不予采纳。鉴于刘某犯罪情节较轻、认罪态度较好，且系犯罪未遂，可从轻处罚。法庭判决：判处刘某有期徒刑7年。

生词

1. 荒诞	huāngdàn	*a.*	absurd; incredible
2. 升迁	shēngqiān	*v.*	promote
3. 空虚	kōngxū	*a.*	blank; void
4. 陈旧不堪	chénjiù bù kān		timeworn
5. 移情别恋	yí qíng bié liàn		be faithless and love another person
5. 暧昧	àimèi	*a.*	ambiguous; having an affair
6. 残忍	cánrěn	*a.*	cruel
7. 衰竭	shuāijié	*v.*	failure
8. 阴毒	yīndú	*a.*	insidious
9. 转危为安	zhuǎn wēi wéi ān		be past danger; pull through

10. 口径	kǒujìng	*n.*	statement; voice
11. 攻守同盟	gōng shǒu tóngméng		a pact to shield each other
12. 蓄意	xùyì	*v.*	deliberate
13. 嫁祸于人	jià huò yú rén		shift the charge onto somebody else
14. 无辜	wúgū	*a.*	innocent
15. 披露	pīlù	*v.*	reveal; disclose
16. 干系	gānxì	*n.*	responsibility; implication
17. 供认不讳	gòngrèn bú huì		confess; acknowledge

练 习

一、复述本课案情：

二、根据课文内容，回答下面的问题：

1. 什么是情杀案？为什么说本课文中所述情杀案是老掉牙的故事？
2. 可口可乐公司是怎样卷入情杀案的？
3. 什么是“维权”？马某等人向可口可乐公司“维权”是正当行为吗？为什么？
4. 马某的行为，为什么说涉嫌损坏商业信誉、商品声誉罪？
5. 为什么说刘某涉嫌故意杀人（未遂）罪？
6. 警方怎样开展取证工作的？
7. 警方侦察取证的结论是什么？
8. 《北京晚报》作了多篇跟踪报道，在一篇新闻报道的黑体题记中，记者这样写到：“我们关注此案是因为它负载了许多东西：出轨、插足、伤害、毒害；敲诈的真与假、阴谋与爱情、受害与害人、处罚与宽宥；情感纠葛、商品声誉等等”。你从课文中能读出这些信息吗？请具体说说。

三、阅读下面的案例，然后回答问题：

王某是一家家具公司的代理商，因为一处2万余元的户外广告费不符合代理合同的规定，且无正式发票，家具公司不给报销。王某通过传真、电话、手机短信等方式，向家具公司声称，他有朋友在国家税务总局工作，如果不给他报销，就付给他50万元，否则他将向国家税务总局揭露公司偷税漏税行为。公司负责人约见王某，给他10万元，希望私了。王某拿了10万元后，继续要挟家具公司。公司只好报警。随后，王某被捕，以敲诈罪，获刑五年。

律师解释：敲诈勒索是指以非法占有为目的，对被害人使用威胁或要挟的方法，强行索要公私财物的行为；如果未明确向被害方提出索赔金额或条件，不构成敲诈勒索罪。按照刑法规定，嫌疑人的行为造成企业五十万元以上的经济损失，或企业破产，或给企业造成恶劣影响，涉嫌损害商业信誉、商品声誉罪。

1. 为什么法庭判决王某犯敲诈罪？
2. “雪碧案”中，马某等的行为什么不适用“敲诈罪”？

四、阅读下面的短文，然后回答问题：

三个80后的年轻人，一段不该发生的姐弟恋。一个爱恨交加的复杂心理历程，一次没轻没重、糊里糊涂帮人泄恨的出谋划策，由一个离奇而荒诞故事引发的案件，中国人民公安大学的李教授说，这起典型案件，充分反映出目前年轻人法制教育不到位，在社会经济发展浪潮中的迷失。他们的行为都是他们没有规则意识的表现，不知什么事可为，什么事不可为。应该让年轻人知道，在现实社会中生活要有规矩。规矩不仅是为了约束自己不违法，更是为了大家都能更好地生活。

1. 李教授这里所说的“规矩”是指什么？
2. 为什么说案件中三个年轻人的行为是“他们没有规则意识的表现”？他们如果懂“规矩”会怎么做？
3. 一个人遇到情感纠纷，应该怎样处理？如果你是一名心理医生，刘某对你倾诉，你会对她说什么？怎样才能阻止她的过激行为？
4. 你读了上面的短文后有什么感想？

五、根据下文，回答问题：

“乱纷纷，你方唱罢我登场”，是中国古典名著《红楼梦》中《好了liǎo歌》注解里的一句，意思是：生老病死、贫穷富贵、兴衰荣枯、官场沉浮、种种世相人生，不过都从“了(liǎo，完毕、结束)”到“好”，从“好”到“了”的永不停息的轮回，劝世人要醒悟透彻，不要计较眼前一时一事的得失，不要一味去追求荣华、富贵、升迁。课文里记者只用了这句话的字面意思。说说你对记者这句话的理解。

六、阅读下面一段改写过的浅近文言文，然后回答问题：

鲁宣公12年(公元前597年)晋国和楚国交战，晋以重兵迎敌，楚军望其尘，飞报楚君：“晋军至矣！”楚军惧君陷晋军阵中，欲出迎。一人曰：“进！宁我逼近人，不可人逼近我！先人，有夺人之心。”遂进。

1. 请你复述这段故事。
2. “先声夺人”即是从“先人，有夺人之心”引申而来。意思是做事时，先采取主动，张大声势，就能动摇对方的军心、斗志，以致压倒对方。课文里马某等的“先声夺人”是采取什么行动？要达到什么目的？

第八课　女大学生敲诈华硕案

案情

记　者：黄小姐，我是北京一家报社的记者，很高兴你被无罪释放了。读者一直都在关注你的这个案子，现在水落石出，终于真相大白于天下了。

黄小姐：我非常感谢众多读者和朋友对我的关心。

记　者：我知道，黄小姐本来只是一名在校的三年级大学生，一个活泼可爱的姑娘，一夜之间，却成了中国最大敲诈案的女主角，被学校开除，不能继续你的大学学业。你经历这样的事，确实非常不幸。

黄小姐：我被无辜地关押了295天。这295天，我是怎么度过的，没有亲身经历过的人，是永远没有办法体会的。

记　者：是的，看得出来，你现在的状态很不好。你是怎么坚持下来的呢？

黄小姐：为了维护消费者的权益，也为了还自己一个清白。

记　者：这一天终于等来了！

黄小姐：是。司法机关已经还我清白。我还希望得到国家的公正评判，由国家赔偿我的精神损失和经济损失。

记　者：你已经提出国家赔偿申请了？

黄小姐：是。即便得到国家赔偿，也难以彻底抚平我心中的巨大创伤！

记　者：是。这个案子当时影响很大，网络上、北京市律师协会都展开过激烈辩论。你能简单回顾一下案发经过吗？

黄小姐：可以。我在华硕计算机代理商的新人公司门店以人民币20900元的价格购买了一台华硕V6800V型笔记本计算机，处理器配置是：英特尔公司出品的Pentium-m 760 2.0G CPU。回家后发现计算机出现异常，频繁死机，多次与新人公司联系、返修，仍然故障不断。

记　者：啊，这是够糟心的！

黄小姐：是啊，我想干脆退货算了，可新人公司不肯退货，华硕工程师告诉我，机器没有硬件故障，可以重新安装软件，我在华硕工程师的劝说下同意了。

记　者：这次问题似乎也没有解决。

黄小姐：是。这时我没辙了，就请我妈的一个朋友周先生过去看一看。

记　者：据说他本是清华大学计算机专业硕士，是你母亲生意场上的合作伙伴。

黄小姐：是。他来帮我检测了一下。检测后赫然出现一条"该计算机内安装的CPU是英特尔公司的工程样品处理器"字样。他很吃惊。

记　者：为什么？

黄小姐：周先生说，工程样品CPU是英特尔公司免费供给计算机制造商用来测试和开发新产品的，这个工程样品有很多问题，严禁安装在计算机里投放市场。但新人公司的这台计算机，内部原配的原装正式版Pentium-m 760 2.0G CPU，被更换成了工程样品处理器ES 2.13G CPU，难怪故障不断。

记　者：这不是销售假冒伪劣商品吗？

黄小姐：我们再次同新人公司交涉，他们希望私了，愿以远高于法律范畴的金额赔偿。

记　者：这不是已经达到维权的目的了吗？

黄小姐：对我个人而言，是这样，但我们国家对造假者就是太仁慈了，我们应该给造假者一点教训，一点警示！我们采集了多种证据，决定向法院起诉，对华硕公司实行惩罚性赔偿，索赔500万美元。这笔赔偿，我们将用于成立中国反消费欺诈基金。

记　者：这个惩罚是够严厉的。为什么提出500万，而不是200万或600万呢？

黄小姐：华硕公司因为卖假货，赢利巨大。我们只提出按华硕去年营业额的0.05%进行赔偿，虽然这只是华硕公司营业额中的九牛一毛，但不这样，不足以警示造假者！

记　者：你们没有想到，恰恰是这高额赔偿费，成了你们敲诈华硕公司的口实。

黄小姐：是，我们太单纯了。华硕公司以谈判为由，把我们骗至公司，然后报警。次日，公安机关以涉嫌敲诈勒索罪，对我们实施刑事拘留。一个月后即正式批捕。

记　者：这一关押，就是295天，你真是很无辜。

黄小姐：是。现在，真相大白，我终于获得了自由。

庭审

在黄小姐被羁押了10个月，司法机关经过细致的取证和重新侦查后，重新开庭。检察院认为，犯罪事实不清，证据不足，不符合起诉条件。黄小姐采用向媒体曝光的方法，将华硕公司使用测试版CPU的事件公之于众，并与华硕公司谈判索取赔偿。该方式虽然带有要挟意味，但与敲诈勒索罪中的"胁迫"有本质的区别。黄小姐在自己的权益遭到侵犯后，以曝光的方式索赔，并不是一种侵占行为，而是维权行为，索要500万美元属于维权过度，但不是敲诈勒索犯罪。因此，决定不对黄小姐起诉。

生词

1. 学业	xuéyè	*n.*	studies
2. 状态	zhuàngtài	*n.*	form; state
3. 清白	qīngbái	*a.*	clean; innocent
4. 评判	píngpàn	*v.*	judge
5. 抚平	fǔpíng	*v.*	heal
6. 创伤	chuāngshāng	*n.*	wound
7. 频繁	pínfán	*a.*	frequent
8. 故障	gùzhàng	*n.*	fault; malfunction
9. 糟心	zāoxīn	*a.*	annoyed
10. 赫然	hèrán	*a.*	impressive; sudden
11. 私了	sīliǎo	*v.*	settle privately; settle out of court
12. 范畴	fànchóu	*n.*	category
13. 仁慈	réncí	*a.*	kind; merciful
14. 警示	jǐngshì	*v.*	warn
15. 口实	kǒushí	*n.*	excuse; pretext

练习

一、复述本课案情：

二、根据课文内容，回答下面的问题：

1. 记者为什么说黄小姐不能也无法继续她的大学学业？
2. 华硕公司为什么要用免费工程样品替代正品？这是不是销售假冒伪劣商品行为？
3. 中国有句话，叫“见好就收”？你懂这句话的意思吗？黄小姐为什么不“见好就收”，还坚持“惩罚性”索赔？

4. 警方当初为什么拘捕黄小姐？
5. 华硕公司请求同黄小姐私了，这意味着什么？
6. 华硕公司上一年的营业额是多少？
7. 你怎么看，黄小姐根据华硕营业额比例，提出的高额"惩罚性"索赔要求？
8. 检察机关为什么最终作出免予起诉的决定？
9. 华硕敲诈案，当时在社会上有什么反响？你当时注意过吗？你当时怎么看的？现在有变化吗？为什么？

三、根据正文，回答问题：

根据《中华人民共和国国家赔偿法》第2条规定："国家机关和国家机关工作人员违法行使职权侵犯公民、法人和其他组织的合法权益造成损害的，受害人有依照本法取得国家赔偿的权利。"据新闻媒体报道，法院最终作出了国家赔偿决定。但黄小姐申请的国家赔偿金额，是46855.62元，而国家赔偿是29197.62元。黄小姐申请金额是按北京市职工日平均工资计算的，而国家赔偿金额是按全国职工日平均工资计算的。

1. 请问当时北京市职工日平均工资是多少？
2. 当时全国职工日平均工资是多少？
3. 黄小姐获得国家赔偿很高兴，但对国家赔偿金额持保留意见。你怎么看这件事？
4. 黄小姐决定向法院起诉华硕公司。你觉得结果会是什么？

四、从下面的选项中选择一个是正确的解释：

1. 水落石出

   A. 水落下去了，石头露出水面来了。

   B. 水清亮了，石头显现出来了。

   C. 水落下去把石头冲了。

   D. 水落下去，石头就露出来，比喻事情经过澄清而后真相大白。

2. 一夜之间

A. 一个晚上的时间。 B. 形容在很短的时间里。

C. 从天黑到天亮的一段时间。 D. 一个夜晚的时间。

3. 见好就收

A. 见好东西就自己收收藏起来,不让别人拿走。

B. 见到别人的好东西就收起来,归自己所有。

C. 只要见到有好结果,就把好结果收起来,等待新的好结果出现。

D. 一看见好结果就不再继续追究了。

4. 九牛一毛

A. 九头牛中一头牛的毛。

B. 很多牛的毛中极少一部分毛,比喻极大的数量中极小的一部分。

C. 很多牛的一小撮毛。

D. 九头牛的一把毛。

五、阅读课文,解释词语:

课文中有"终于真相大白于天下了"一句,这是什么意思?请先解释词义和句子意思,然后根据课文内容作进一步解释。

六、阅读下面的案例,然后回答问题:

"惩罚性赔偿"在美国确实是屡见不鲜,1992年2月27日,一个79岁的美国老太太在麦当劳餐厅,花了49美分购买了一杯咖啡。当她拿回车中,准备往咖啡里加奶精和糖时,却将整杯的咖啡弄洒,结果烫伤了腿。跟麦当劳索赔不成,一纸诉状送往法院,陪审团判处麦当劳赔偿老太太20万美金的损害性赔偿和270万美金的惩罚性赔偿。最后,法官判定麦当劳赔偿老太太64万美元。

1. 什么是"惩罚性赔偿"?

2. 为什么要对肇事企业实施"惩罚性赔偿"?

3. "惩罚性赔偿"是合理的还是敲诈?为什么?

4. 你怎么看上面的"美国案例"?

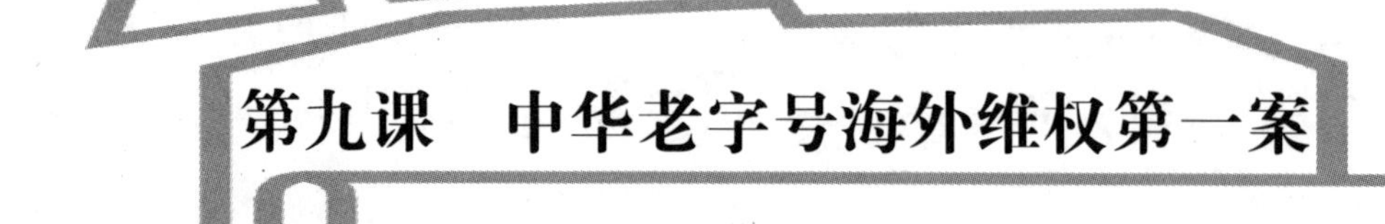

第九课　中华老字号海外维权第一案

案情

李先生：今天，王致和商标侵权案在德国慕尼黑高等法院作出了终审判决，我们胜诉了。我们召开这个新闻发布会，同各位记者和关心我们这个案子的各界朋友分享我们的快乐。

记　者：我们知道，这个案子拖了两年多，维权道路很艰辛。我们愿意听您这个新闻发言人诉诉苦。

李先生：大家都吃过我们王致和豆腐乳，知道我们是有340年历史的中华老字号。王致和品牌产品，已经远销全世界。

王律师：王致和集团，早就在北美洲、拉丁美洲的国家注册了商标，但疏忽了在欧洲注册商标，这才引发了这场官司。

李先生：我们集团老总去欧洲调研，发现我们的品牌被人在德国抢注了。

王律师：抢注者是在柏林的德国欧凯公司。这是一家德籍华人开的经营中国食品的公司。

记　者：欧凯公司的一位女士称，你们在德国打官司，完全是炒作、作秀！

李先生：笑话！你们相信吗？

记　者：他们认为这是为了扩大你们的商品在欧洲市场的影响。

李先生：我们需要这样炒作、作秀吗？我们的产品，是靠我们的质量和品牌！我们不仅在全世界有很高的声誉，而且在欧洲市场，我们也有分销商，王致和产品的影响力也越来越大。

记　者：他们还说，欧凯公司是华裔开的公司，员工也都是中国人，这是中国人和中国人打官司，德国人当裁判。听话听音，锣鼓听声。他们好像希望私了。

李先生：我们也希望能庭外调解，但是他们的要价很高。

王律师：第一，他们要求成为王致和品牌在欧洲的总代理商，保持和加强欧凯公司在欧洲的竞争力；第二，他们说，王致和集团想要赎回欧凯公司在德国注册的王致和商标，必须给予经济补偿。

记　者：这有些不讲道理吧？这本来就是王致和集团的专利品牌嘛！

王律师：他们的意图十分明显，王致和商标已经被抢注，王致和集团下一步要进军欧洲市场，就必须向商标拥有者支付高额的版权费。

李先生：在这种条件下，我们不可能达成庭外调解，我们只能上诉法庭。

记　者：中国和德国，法律肯定有很大不同，这官司怎么打？

李先生：我们聘请了中方律师和德国律师，组成了共同的律师团。

王律师：德方律师沃尔夫冈博士是一位很出色的律师，我们合作得很好。

记　者：那么，最终是以什么案由起诉的呢？

王律师：第一，商标侵权；第二，恶意抢注，不正当竞争。

李先生：庭审当中，我方代理律师跟对方进行了激烈的交锋，而对方则极力辩解。

王律师：经过法庭调查和辩论，我们一审就胜诉。欧凯公司不服，提起上诉。德国慕尼黑高等法院，维持原判，作出了我方胜诉的终审判决。

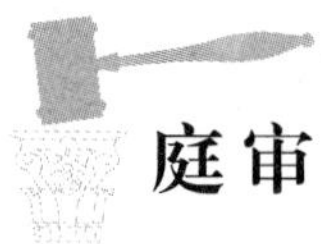

庭审

王致和集团诉德国欧凯公司商标侵权和不正当竞争案在慕尼黑地方法院第21法庭正式开庭，该法庭是专门的知识产权案件的审判庭。在庭审中，双方争论的焦点是：一、商标著作权归谁；二、欧凯公司在德国注册王致和商标，是否是恶意抢注，是不正当竞争。欧凯公司方称，他们在德国注册王致和商标时，没有遇到任何困难，注册是合法的；他们使用的商标标识是通用的中国古代士兵头像。王致和律师团称，欧凯公司注册商标同王致和商标一模一样，而王致和商标标识是王致和集团请中国中央工艺美术学院的黄伟教授设计的，且该标识的著作权通过合同的方式转让归王致和集团所有，因此王致和集团对该标识享有著作权，也就是版权。由于中国和德国都加入了《保护文学艺术作品伯尔尼公约》，根据该公约的约定，在中国享有版权的，在德国同样享有版权。因此，欧凯公司在德国注册王致和商标，侵犯了王致和的著作权，是非法的。王致和律师团进一步指出，欧凯公司是一家以经销中国商品为主的超市，且也在销售王致和产品，不可能不知道王致和商标；而欧凯方辩称，不想归还王致和商标的主要原因，是他们担心商标归还王致和后，再有其他代理商代理王致和的产品，从而影响他们的市场，这更清楚说明，他们的抢注是恶意的，是一种不正当竞争行为。由于王致和方主张清楚，证据充分，而欧凯方不能提供任何有力证据，法庭最后宣判，欧凯在德国注册与王致和完全相同的商标属恶意抢注，已经违反了德国反不正当竞争法，要求德国欧凯公司停止使用“王致和”商标，并撤回其在德国专利商标局注册的“王致和”商标。

生词

1. 发布	fābù	*v.*	release
2. 艰辛	jiānxīn	*a.*	hardship
3. 诉苦	sù kǔ		complain
4. 疏忽	shūhu	*v.*	neglect
5. 调解	tiáojiě	*v.*	mediate
6. 赎回	shúhuí	*v.*	redeem
7. 意图	yìtú	*n.*	intention
8. 版权	bǎnquán	*n.*	copyright
9. 交锋	jiāofēng	*v.*	engage in a battle
10. 焦点	jiāodiǎn	*n.*	focal point

练习

一、复述本课案情：

二、根据课文内容，回答下面的问题：

1. 王致和品牌，有多少年的历史了？你还知道哪些中华老字号？
2. 王致和集团是怎么发现自己的商标在海外被人抢注了？是谁抢注的？
3. 商标被抢注，意味着什么？
4. 什么是私了？欧凯公司想怎么私了？王致和集团能接受吗？为什么？
5. 王致和集团以什么案由起诉欧凯公司？
6. 王致和集团向法庭提供了哪些有力证据？
7. 为什么说欧凯公司是恶意抢注和不正当竞争？
8. 德国慕尼黑高等法院作出了什么样的终审判决？

三、根据课文内容，分角色模仿法庭辩论：

法官 原告方律师 被告方律师

四、阅读课文，解释词语：

1. “炒作”应该是从中国烹调引申出来的一个新词，“炒”是在热锅里不断翻动把菜炒熟。现在有一种行为，很像这种运作方式。产品用广告炒作，明星用丑闻炒作，商人用数字炒作，就连不少具有明星派头的作家、学者、医生和官员背后都有大大小小的炒作团队。

(1) 什么叫炒作？

(2) 炒作的目的是什么？

(3) 你参加过这种炒作活动吗？请你举一个现实生活中的例子，谈谈你的感受。

2. “作秀”：“秀”是英文show的译音，在汉语里，“秀”是形容词，有优秀、美丽（用“秀色”形容风景）、漂亮（用“秀发”形容女孩头发）的意思，但没有英文show的“给……看”、表示、演出这样的动词的意义，所以加了一个“作”字，组成一个新词“作秀”，跟show“做漂亮的事给……看”的意思一样，但在汉语里，这是一个贬义词，“作秀”的方式，是用表演、演出、展览、宣传等活动，利用媒体宣传，矫揉造作、虚情假意、夸大其词、弄虚作假，做些表面文章，目的是提高自身的知名度。

(1) 课文里所说的“作秀”是什么意思？

(2) 请举一个现实生活中的例子，说说你对“作秀”的看法？

五、从下面的选项中选择一个正确的解释：

听话听音，锣鼓听声

A. 听话是听人说话的声音，听打锣鼓是听锣鼓的响声。

B. 听那人说话就像听打锣鼓。

C. 听人说话不能只听那人说出的话，要善于听出话外的意思；听打锣鼓，也是要善于听出锣鼓声要表达的意思。

D. 听话、听音，都像听锣鼓声。

“听话听音，锣鼓听声”所表达的意思，汉语里还可以用别的句子或成语来表达。你能说出一两句吗？

第十课　偷税漏税案

案情

记　者：李律师，恒光电器有限公司偷税漏税案，经过长达四年的调查、庭审，现在终于尘埃落定。您能给我们说说这个案件吗？

李律师：说来话长，你有什么问题，先提吧。

记　者：那好。我首先想知道，这个案子的涉案金额是多少？

李律师：839万。

记　者：啊，这么多！恒光是一家什么企业，敢这样偷税漏税？

李律师：是广东顺德的一家经营灯具、电子设备的民营企业。

记　者：他们偷税漏税是怎么被揭露出来的？

李律师：顺德区国家税务局稽查局根据群众举报。

记　者：举报的内容真实可信吗？会不会是道听途说或者有意诬告陷害呢？

李律师：稽查局没有轻率作结论，他们调取了恒光公司的账簿、凭证及其他有关数据，又对公司法人及多名员工进行询问。

记　者：什么结论？

李律师：税务机关根据掌握的一系列证据，认定恒光公司的偷税漏税，并作出处罚。恒光公司除补交税款外，还要罚款420万元。

记　者：可事实是，这个案子经过了四年，现在又有了新的结论。究竟发生了什么事？

李律师：后来，税务机关将案子移交公安机关，公安机关继续侦查取证，恒光公司法人被刑事拘留。随后，顺德区人民检察院以涉嫌偷税罪提起公诉。

记　者：主要指控内容是什么？

李律师：公诉书称恒光公司采用内外账经营，使用私人账册收取货款等手段，隐瞒销售收入，偷逃税款。

记　者：恒光公司的法人认罪吗？

李律师：没有。他提起上诉，我接了这个案子。经过认真研究，我发现公诉机关向法庭提供的证据，缺失最关键一环。

记　者：啊？这么说，案子因此有了转机？

李律师：想知道结果那就听听庭审吧。

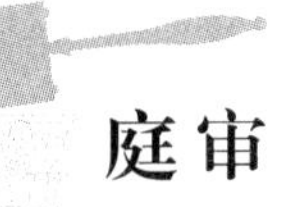

庭审

这个案子经历了税务听证、税务行政复议、税务行政诉讼一审二审和刑事诉讼一审二审。在法庭上，双方对证据效力问题进行了激烈的辩论。公诉方坚称恒光公司的账册上详细记录了公司发货的数量和金额、货款的收取，并且有部分送货单印证已经构成销售事实。根据相关法律规定，这种销售货物而未依法申报纳税、造成少缴税款的行为已经构成偷税漏税。恒光公司的代理律师辩称，根据有关法律，对纳税发生的时间有明确规定。虽然结算方式有不同，但关键都在于卖方收到销售款或取得索取销售款的凭证，只要没有获得销售款或取得相应凭证，就不能认定存在纳税义务。公诉方不能提供认定恒光公司销售收入的任何证据，不能确定恒光公司的销售收入，也不能提供恒光公司通过其他方式偷税的证据。相反恒光公司所提供的反证材料足以证实货物并未实现销售。经过法庭调查和法庭辩论，法庭最后裁决：不能认定恒光公司及其法人有偷税漏税行为，宣告恒光公司及其法人无罪。

生词

1. 偷税	tōu shuì		evade taxes
2. 漏税	lòu shuì		not paying tax in full
3. 尘埃	chén'āi	*n.*	dust
4. 揭露	jiēlù	*v.*	expose
5. 举报	jǔbào	*v.*	report, denounce
6. 诬告	wūgào	*v.*	lodge a false accusation
7. 陷害	xiànhài	*v.*	frame up
8. 轻率	qīngshuài	*a.*	rash; careless
9. 隐瞒	yǐnmán	*v.*	hide; conceal
10. 转机	zhuǎnjī	*n.*	a favourable turn
11. 听证	tīngzhèng	*v.*	hearing
12. 行政	xíngzhèng	*n.*	administration
13. 复议	fùyì	*v.*	review
14. 效力	xiàolì	*n.*	effect
15. 索取	suǒqǔ	*v.*	claim; extort

练习

一、复述本课案情：

二、根据课文内容，回答下面的问题：

1. 什么叫“偷税漏税”？
2. 税务机关认为恒光公司应交而没有交的税款是多少？
3. 税务机关起诉恒光公司的主要证据是什么？
4. 税务机关是怎样获取那些证据的？
5. 什么叫“内外账经营”？内外账会有什么区别吗？商家为什么要采用内外账经营？
6. “公诉机关向法庭提供的证据，缺失最关键一环。”是指什么？
7. 为什么说，恒光公司“偷税漏税”案，因为这个“关键一环”而出现了转机？
8. 在法庭上，诉辩双方争论的焦点是什么？
9. 历时四年的恒光公司“偷税漏税”案，经过了哪些法律程序？结果如何？
10. 法院依据什么法规作出了最后裁决？

三、阅读下面的案例，并回答问题：

湖北王子鞋城偷税案是全国关注的焦点案件。王子鞋城在省内和全国有多家销售分店，王子鞋城岳阳店店长自曝偷税内幕。王子鞋城老板邹某为对付税务稽查，曾以公司名义行文，要求各分店定期销毁售货凭证、进货凭证。邹某在得知东窗事发后，又指使各店店长突击销毁各种会计凭证。在办案过程中，办案民警在王子鞋城总部发现了3台碎纸机和20多袋碎纸屑。由于证据大都被销毁，难以确定王子鞋城的销售金额。警方随后从银行查找资金流向，但是邹某的账号上资金量很小，显然不是全部销售收入。他有没有办理其他账号呢？侦查人员将王子鞋城的职工花名册弄到手，经过筛查，一下子查到了450多张银行卡，接受调查人员多达600余人。结合相关物证，最后认定这些卡上流出流进的资金，为各分店的销售收入。王子鞋城通过销毁售货凭证，隐匿真实的销售收入，伪造、编造会计凭证，隐匿会计账簿和凭证，盗用职工身份证设立银行账号等多种手段以逃避税务机关的监管。检察机关终于认定犯罪嫌疑人的犯罪事实。法院作出判决，被告湖北王子鞋业有限公司犯偷税罪，判处罚金1000万元；被告人邹某犯偷税罪。案发后，被告人邹宏主动退清全部偷税款，并揭发他人犯罪行为，判处有期徒刑3年，缓刑3年，并处罚金1300万元；追缴的1230.98万余元税款依法上缴国库。

1. 复述上面的案情。
2. 王子鞋城采用了哪些手段偷税漏税？
3. 上面的案件与课文中的案件，法院的判决有何不同？为什么有这样的不同？

四、阅读下面的成语，俗语故事，然后回答问题：

1. 道听途说："道 "，道路；"途"，路途，也就是道路。《论语》中孔子说"道听途说，德之弃也。"意思是说，在路上听到传言，就四处传播，是有道德的人应该唾弃的行为。

   课文里所说的"道听途说"是指的什么事？为什么怀疑那是"道听途说"？

2. 东窗事发：《钱塘遗事》有这么一则故事：南宋初年，奸相秦桧欲杀抗金将领岳飞，与妻子在东窗下密谋。秦桧杀岳飞后，一日游西湖，见一人披头散发，呵斥他说："你残害忠良，贻误国家，我已经上诉天帝了。"不久，秦桧就死了，他的儿子也跟着死了。秦桧妻子请来道士作法，道士见到秦桧戴着枷锁，受尽了苦刑。秦桧对道士说："请大师回去对我夫人说，东窗事败露了。"后用"东窗事发"指阴谋败露或秘密勾当被发觉。

   上面案例中的"东窗事发"指什么事？

第十一课　银行合同纠纷案

案 情

记　者：阮律师，最近在这里发生了一起储户与银行合同纠纷案，判决结果，让广大储户十分迷惑，想向您请教。

阮律师：你是说王先生诉市邮政局储蓄合同纠纷案吗？

记　者：是的，储户王先生明明在邮局存了钱，莫名其妙被陌生人取走了。法院却最终判决王先生败诉，这是为什么？这让人百思不得其解。

阮律师：我不能简单回答你这个问题。我们还是先回顾一下案件的审理过程吧。

记　者：我旁听了法庭的审理过程。法庭对起诉人王先生的陈述没有任何质疑。

阮律师：是。7月2日，王先生在储蓄所办理了活期存储，包括一张存款单和一张借记卡，并设置了密码。

记　者：在这之后的两个月内，他陆续在该账户上进行了存取款业务，一切都很正常。

阮律师：是。9月的一天，王先生发现他账户上的钱无故减少了900元,经查询得知自8月18日至9月3日,账户金额分18次、以网扣的方式被划走5400元。

记　者:王先生急了,当时就在储蓄所申诉,他没有在任何时候、任何地方使用网络划拨过存款。

阮律师:储蓄所的王主任立即陪同王先生到派出所报案。当天,王先生在该储蓄所又重新办理了一个存折,并重新设置了密码,这次没有办借记卡,原存折和借记卡作废。

记　者:王先生还是不放心,第二天就持新存折到储蓄所查询,发现账户上的钱又以网扣的方式被取走300元。这究竟是谁干的?

阮律师:是啊,储蓄所认为,王先生的账号已经不安全,要求王先生把存折上的钱款全部取出,以免再次被扣划,并陪同王先生到市邮政局查询钱款被扣划情况。市邮政局打印出的存取明细表上反映,王先生的存款被荣某和刘某分别在深圳、武汉以网扣的方式、每次300元、分31次扣划,共计被扣划9300元。

记　者:王先生说,他根本不认识这两个人,跟这两个人也没有任何关系。

阮律师:储蓄所认为,王先生的存折和密码已经泄漏,所以钱款被他人划走。

记　者:王先生经过仔细回忆,断然否定了这个可能。他的存折和借记卡从来没有丢失过,密码也没有外泄。问题一定出在银行方面,他要求储蓄所赔偿他的经济损失。

阮律师:储蓄所认为,实现网上钱款划拨,有严密、科学的程序,虽然银行为王先生开立账户,办理了储蓄,但银行根本不知道王先生的账号密码,无论在柜台或在网上,都不可能操作王先生账户上的资金。

记　者:这听起来是天衣无缝!可王先生仍然认为,是银行没有尽到保障客户资金安全的责任。

阮律师：双方协商没有结果，只好上诉法庭。

记　者：可是，上诉结果，大大出乎王先生意外。我开始就说了，这是我要向你请教的问题。为什么是这样的判决结果？存在银行的钱，也不能确保安全，老百姓还敢往银行存钱吗？

阮律师：这确实是个很现实的问题。现在的网络犯罪，实在防不胜防。现在，我们来看看法庭是怎么审理的吧。看完了，您也许会得出结论了。

庭审

原告王先生认为，他同被告邮局之间存在合法有效的储蓄合同关系，他的银行存折、借记卡和密码都妥善保管，没有遗失与外泄过，已经尽到保管义务。而被告负有保护储户存款安全的责任，由于被告的网络管理不善，造成原告的财产损失，被告应当赔偿原告人民币9300元及利息，并承担本案诉讼费。被告辩称，中国邮政储蓄卡开通网上支付功能有两种方式，一种方式是通过邮政储蓄网点开通，办理时需提供本人中国邮政储蓄卡和本人有效身份证件。另一种方式是通过互联网进行网上开通，办理时需要登录邮政支付网关主页，点击“申请网上账号”。随后，被告当庭演示了网上交易的程序和步骤。被告说，借记卡网上账号及密码是进入中国邮政支付网进行在线支付的有效身份标识，如果不知道原告王先生的账号或密码，是根本操作不成的。根据《中国邮政支付网关个人服务协议》的内容，形成被网扣的事实，应当视为用户本人所为。经过当庭举证和辩论，法庭认为，原告的网上支付业务的开通与原告的卡号、密码、证件未妥善保管有直接关系。现在原告以被告市邮政局和储蓄所的网络管理不善，请求赔偿损失，因未向本院提交被告有关网络管理不善的相关证据，也不能证明自己妥善保管银行存折、卡和密码的证据，而被告证明网上线上交易程序没有纰漏，因此，形成被网扣的事实，应当视

为用户本人所为，或个人储蓄信息泄漏所致，故对原告的诉讼请求，本院不予支持。据此，法庭判决如下：驳回原告的诉讼请求。本案诉讼费50元，由原告承担。

生词

1. 迷惑	míhuò	*v.*	confuse
2. 陌生	mòshēng	*a.*	strange
3. 陆续	lùxù	*ad.*	in succession
4. 网扣	wǎngkòu	*v.*	deduction through the network
5. 划拨	huàbō	*v.*	transfer
6. 泄漏	xièlòu	*v.*	leak; let out
7. 保障	bǎozhàng	*v.*	safeguard; ensure
8. 妥善	tuǒshàn	*a.*	properly
9. 标识	biāozhì	*n.*	mark or proof (of identity)
10. 纰漏	pīlòu	*n.*	flaw; mistake

练习

一、复述本课案情：

二、根据课文内容，回答下面的问题：

1. 储户在银行办理了储蓄手续，即已构成有效的储蓄合同关系，双方各有什么权利和义务？
2. 储户王先生与储蓄所的合同纠纷是如何产生的？
3. 王先生在银行存的钱是如何丢失的？

4. 王先生为什么要求银行赔偿他的经济损失？他的要求合理吗？
5. 银行方面为什么不承认是他们的过错？他们有理吗？
6. 法庭是怎么判决的？你认为法庭判决合情合理吗？
7. 你认为王先生存在银行的钱丢失的真正原因是什么？
8. 你经常在网上购物和网上支付吗？你认为网上交易安全可靠吗？
9. 中国有一条法律："谁诉求谁举证"原则。原告王先生说"他的银行存折、借记卡和密码都妥善保管，没有过遗失与外泄，已经尽到自己应尽的保管义务"，是"被告的网络管理不善，造成原告的财产损失"。你认为，王先生可能或是根本不可能向法庭提供有力的证据？为什么？如果储户存在银行的钱莫名其妙丢失，是不是只能自认倒霉？

三、阅读下面的材料，然后回答问题：

如今，走进自助银行，可见到多种安全提示：保护密码不被偷窥、注意非法加装的摄像头等。最近，许多银行还在ATM机的密码窗口加装了遮挡罩。可见银行系统安全存在巨大隐患，持卡人也面临巨大风险。事实上，大量针对银行卡的犯罪，与银行系统的安全性脆弱有关。随着科技飞速发展，技术易于掌握，磁条存储方式已经落伍，让不法之徒有了可乘之机。目前，更先进、更安全的智能IC卡技术已经成熟。几年前，台湾银行完成了换卡工程，将磁条卡更换为智能IC卡，并完成了商户终端的改造。西欧也普遍更换为智能IC卡，盗刷案大幅下降。但在中国内地，目前只有中国工商银行等少数银行在着手开始发行智能IC卡，并且数量极少。

据了解，万事达、维萨等国际信用卡组织曾推动"迁移计划"，拟将银行磁条卡更换为智能IC卡。但由于全面换卡的成本巨大，在国内遇到巨大难题——除了卡本身的成本，全国的POS机、ATM机，还有后台系统，都要随之升级改造。

1. 你现在所持的银行卡是什么卡？在使用中遇到过风险吗？
2. 你认为课文中王先生存在银行的钱丢失了，是不是针对银行卡的犯罪行为造成的？如果是，你对法庭的判决有什么看法？

3. 你认为,在现阶段,持有磁条卡的用户,怎样才能保障自己的资金安全?

4. 你读完本篇课文,能得出什么结论?

四、词语练习:

1. 莫名其妙　百思不得其解

(1) 两个加着重号的"其"都是代词,根据课文内容,说明这两个其称代的主体是什么?

(2) "妙"是"奥妙(道理)"的意思;"解"是"理解"的意思。试根据课文内容解释上面两个短语所要表达的意思。

2. 从下面四个选项中选择"天衣无缝"的正确解释:

A. 天姑娘穿的衣服还没有缝好。

B. 天上的人穿的衣服没有缝隙。

C. 传说天上仙女穿的衣服,不用针线缝制,没有衣缝,比喻事情没有破绽。

D. 天像衣服一样没有缝隙。

3. "胜"是个多义词:① 胜利;② 能够承担或承受。下面每个成语中都有一个"胜"字,请说明各是什么意思。

防不胜防　百战百胜　数不胜数　不胜枚举　战无不胜　胜券在握

第十二课　银行卡被盗刷案

案 情

记者：警官先生，温州商人毛先生在我们云南做生意，他的银行卡不幸被盗刷，多亏了你们及时介入，才有了今天的结果。

警官：银行卡防盗性能太差，克隆技术泛滥，现针对银行卡的犯罪层出不穷，这只是冰山一角。现在有许多银行卡被盗刷案，甚至是上百万的大案要案，我们一时都还破不了。

记者：这次毛先生的案子，好像进展很快？

警官：毛先生报案及时。9月11日19时30分左右，毛先生劳累一天，回到家躺在床上休息，他的手机“嗡嗡”地震动起来。他起床一看，手机收到好多现金交易信息，现在已交易了10笔，有2万元。“不好！我的卡可能被盗刷了！”

记者：他就立即报警了？

警官：他首先给银行营业部姜主任打电话，随后报警。

记者：毛先生的法治意识很强嘛。

警官：仅仅两分钟后，他的手机再次收到“银行卡消费74,812元”的短信提示。

记者：罪犯真够疯狂的！

警官：就在我们局的一位领导赶赴现场的过程中，手机又接连收到3笔消费短信，金额分别是116,242元、53,852元、10,800元。

记者：呵，短短几十分钟，就已经是二十多万了！

警官：银行的姜主任立即冻结了毛先生卡上仅剩的9,808.01元。

记者：毛先生是生意人，二十多万突然没了，资金周转肯定要出现问题。

警官：是。他找到银行协商，希望尽快解决此事。

记者：这恐怕很难。据我所知，还没有银行卡被盗刷后银行先行赔付的先例。

警官：是。银行称：遇到这样的事，他们也很无奈，只能等到破案后再说。我们警方为了解毛先生的燃眉之急，只好抓紧时间破案。

记者：想人民之所想，急人民之所急，人民会感谢你们的！

警官：这是我们的职责。我们很快查明，9月11日21时20分至21时25分，有一名神秘人物在当地建设银行一处ATM机上，用复制卡从毛先生的账户上取走10笔现金共计2万元。此外，当天晚上10点前后，另有人在广州市一家商贸有限公司，用复制卡从毛先生的账户上刷卡消费3笔，在广州市某超市从他的账户上刷卡消费一笔。

记者：看来，作案的不止一个人！

警官：是。就在案发的前一天，毛先生的妻子在银行营业大厅旁边一台ATM取款机前查询了自己的账户。根据被害人提供的情况，我们调看了银行的监控录像。

记者：有了线索？

警官：是。我们发现，就在毛先生妻子查询账户之前5分钟，有两名可疑男子来到这处ATM取款机前，一男子在刷卡门前“放哨”，另一男子则将一块胶合板盖住ATM机上方的摄像头，然后在自动门刷卡器和ATM机上安装无线监控装置。等毛先生妻子查询完后

半个小时，这两名可疑人取走了无线监控装置。

记者：毛先生银行卡信息就这样被盗了？

警官：是。以后就是克隆和盗刷了。

记者：克隆就那么容易吗？

警官：非常简单，只要有一台POS机大小的制卡器和软件，就可以轻易做到。

记者：怎么刷卡人一会儿在云南当地银行，一会儿又到了广州呢？

警官：这也好解释。现在网上有大量境内外银行卡信息出售，敞开供应，很容易买到。

记者：啊，现在的银行卡不是太不安全了吗？

警官：是。所以持卡人在使用时一定要提高警惕！现在银行和自动取款机旁都有温馨提示。

记者：从监控录像上，你们锁定犯罪嫌疑人没有？

警官：现在案子还在进一步侦察中，详情我不便透露。

记者：我理解。谢谢您接受我的采访！

庭审

毛先生同银行多次交涉没有结果，警方也还没有破案，毛先生只好上诉法院，要求赔偿损失255706元及利息3,000元。在庭审中，毛先生说，他在银行营业部开立了账户，已经同银行建立了储蓄合同关系，合同真实有效，应受法律保护。银行违反了保护存款安全的约定，严重侵害了他人的权益，理应赔偿全部损失。银行方面门辩称：银行不存在过错。毛先生在办理个人银行结算账户申请时，银行已经履行了必要的安全告知义务。在ATM机取款时也有重要提示，在“ATM上取款、查询时，要留意ATM上是否有可疑的装置或摄像头等”。况且，毛先生对存款损失存在明显的过错，全部责任应由其自行承担。毛先生在9月11日晚发生业务时，毛先生在第一时间就已收到一条手机提示交易的短信，他并没有及时处理，致其存款任由他人支取。我们也不排除就是毛先生自己持卡和密码支取了存款；如果存款确属被他人盗取，也是毛先生没有保管好自己储蓄卡的信息和密码。因此，全部责任应由毛先生自己承担。毛先生的律师辩驳说：毛先生在发现银行卡第一次被盗刷后立即通知了银行，同时报警，以后几笔钱款被划拨，都有银行营业部主任和警官在毛先生身边；毛先生的爱人是公司会计，她在ATM上办理业务非常有经验，非常小心谨慎，银行的监控录像显示，她当时是用一只手盖住，再输入密码的，毛先生的银行卡信息被盗，我的委托人没有责任，是银行的安全隐患造成的。经过激烈的辩论，法庭认为，银行在安全防范措施上存在严重疏漏。法庭最后判决：银行赔偿原告全部经济损失。

生词

1. 介入	jièrù	*v.*	intervene
2. 性能	xìngnéng	*n.*	function; capability
3. 泛滥	fànlàn	*v.*	flood; run wild
4. 意识	yìshi	*n.*	awareness
5. 疯狂	fēngkuáng	*a.*	crazy; insane
6. 无奈	wúnài	*a.*	helpless
7. 神秘	shénmì	*a.*	mystic; mysterious
8. 监控	jiānkòng	*v.*	monitor
9. 密码	mìmǎ	*n.*	password
10. 隐患	yǐnhuàn	*n.*	hidden danger
11. 疏漏	shūlòu	*n.*	omission

练习

一、复述本课案情：

二、根据课文内容，回答下面的问题：

1. 毛先生的银行卡信息是怎么被盗的？你有什么安全的防盗办法吗？
2. 为什么要及时报警？从本课文看，及时报警起了什么作用？
3. 从课文看，作案人有几个？他们分别在什么地方？
4. 为什么不同的犯罪嫌疑人有同一个人的银行卡信息？你怎么保守你银行账户信息的秘密？
5. 毛先生账户上的钱被盗刷了几次？总金额是多少？
6. 什么是"克隆"技术？你能说说这种技术的使用范围吗？在经贸领域有什么运用？
7. 在前一篇课文《银行合同纠纷案》中，法庭驳回了原告的诉求，在这篇课文中，法庭支持原告，判银行全款赔偿。为什么有这样不同的判决？

三、根据课文内容，分角色模拟法庭辩论：

法官　原告律师　被告律师

四、阅读下面的短文，然后回答问题：

境外银行卡被盗刷有追偿机制。追偿方式是：持卡人买了被盗保险，发现被盗刷后，保险公司先予理赔，然后再向发卡银行追索；发卡银行则追究被盗刷地相关银行的责任。考虑到与境外银行的良好合作关系，而且不愿打"国际官司"，境内银行往往同意境外银行的追偿要求。境外卡因有追偿机制，持卡人不会因被盗刷而蒙受巨额损失。而在境内，如果银行卡被盗刷，又破不了案，持卡人往往就得自己承担。境外银行的追偿机制，值得境内银行借鉴。

1. 你持有境外银行卡吗？你遇到过银行卡被盗刷的事吗？你是如何使用追偿机制的权利的？
2. 你的国家有银行卡被盗刷的追偿机制吗？
3. 境外银行的追偿机制，值得境内银行借鉴，是什么意思？据此判断，在中国有没有这种追偿机制？

五、阅读课文，回答问题：

1. “这只是冰山一角”，在课文中，是一个比喻。请先解释字面意思，然后根据课文说明，“冰山”指什么？“一角”指什么？
2. “解燃眉之急”，在课文中也是一个比喻。请先解释字面意思，然后根据课文说明，毛先生的“燃眉之急”是什么？
3. “想人民之所想，急人民之所急”。其中的两个“之”字，都是助词，相当于“的”，没有实际意义，只是句子结构（紧凑）和节奏（流畅）需要，读时注意句中的语气停顿，翻译时可以省略不翻译；“所”是代词，“所想”意思是“想的事情”、“着急的事情”。试解释“想人民之所想，急人民之所急”的字面意思，然后根据课文内容做进一步说明；试套用“想人民之所想，急人民之所急”句式，说一句话。
4. “克隆”是英文clone的音译，最早来源于遗传学、细胞生物学、免疫学等学科。作为有特殊意义的一个词，现在也广泛用于政治、经济和日常生活领域。它的意思是一个共同前体通过无性繁殖而形成的一群基因结构相同的细胞或个体；来自同一个祖先、经过无性繁殖所产生相同的分子(DNA、RNA)、细胞的群体或遗传学上相同生物个体。通过基因克隆，则可以用一个基因反复扩增后拷贝出多个个体。现在已经有克隆猪、克隆羊、克隆猫，甚至一位意大利医生自称，曾克隆两男一女，现已九岁。目前，克隆技术在全世界各个领域都在进行研究，同时也引起极大的争论。

   课文里所说的“克隆”是指什么？你了解“克隆”技术吗？能举例说明吗？你对“克隆”技术有何看法？

第十三课　中国首富内幕交易案

案情

学生：老师，黄先生在羁押17个月后，终于尘埃落定，中国首富成了阶下囚。您能给我们说说这件事吗？

老师：黄先生的案子，一审判决时，只有少数媒体记者获准进入法庭，辩护律师也不接受采访，我知道的情况，都是庭审后媒体发布的新闻。

学生：有一些新闻，我们也看到了，但我们仍然对许多事感兴趣。这个人，好像很有传奇色彩，在中国和世界都很有名。

老师：是。他家原先非常穷，他小时候拾过破烂、捡过垃圾，初中都没有毕业。17岁怀揣4000块钱来到北京，在前门开了一家很小的“国美”服装店。

学生：“国美”不是中国最大的家用电器连锁店吗？

老师：是。不久，黄先生发现卖服装，有面料、季节性的讲究，他不懂；而家电相对比较定型，当时家电还是有女不愁嫁，只要有货就行。于是他决定立即改行，卖家电！

学生：他成功了？

老师：成功之路无比神奇、畅通！1987年1月1日，国美电器店正式挂牌。

1995年，国美电器商城从1家变成了10家；1999年国美从北京走向全国，到现在，国美电器遍布88个城市，数百家门店。

学生：是太神奇了！黄先生是个什么人？怎么有这么大的能耐？

老师：应该说，他是一个商业奇才！当时，中国还是计划经济，国营商店的商品价格都是统一不变的，洗衣机、彩电等都还要凭票供应，而他是个体经营者，他通过至今不肯透露的渠道弄来紧俏的家电，采用“薄利多销”原则，与国营市场展开竞争，以惊人的速度书写他和国美家电王国的财富神话。

学生：我明白了，他是抓住了中国经济转型前后的有利时机，聪明地运用了个体经营者的种种便利。

老师：是。但是中国有句话，叫“聪明反被聪明误”；还有一句，叫“机关算尽太聪明，反误了卿卿性命”。

学生：怎么这样说？

老师：他把个体经营者的便利用过头了，许多时候不守规矩。

学生：就是不守法？做违法乱纪的事？

老师：我给你举一个例说吧。他成了富豪后多次去澳门公海上豪赌，一次就输掉过亿港币，他累计输掉则超过10亿港币。

学生：啊！真是个疯狂赌徒！

老师：所以才有了今天，曾经风光无限的中国首富变成了阶下囚！

学生：他都做了哪些违法乱纪的事呢？

老师：数十本案卷和数个硬盘数据，我不能一一尽说，就给你简单说说法庭审理的结果吧。

庭审

法庭当庭宣读了长达66页的判决书。判决书说，2007年4月，中关村上市公司拟与鹏泰公司进行资产置换，被告人黄某作为中关村上市公司的董事及鹏泰公司的法定代表人，参与了该项重大资产置换的决策和运作。在该信息公告前，黄某决定并指令他人借用龙某、王某等6人的身份证，开立个人股票账户，这6人是他的员工，其中一人是保安。黄某使用以上6人的股票账户，累计购入中关村股票976万余股，成交额共计人民币9310万余元。至6月28日该信息公告时，以上6人股票账户的账面收益额为人民币348万余元。2007年七八月，中关村上市公司拟收购鹏润控股公司全部股权进行重组。在该信息公告前，被告人黄某指使他人以曹某、林某等79人的身份证开立相关个人股票账户，其中一人还是他家的保姆。黄某指令其妻于同年8月13日至9月28日间，使用上述股票账户，累计购入中关村股票1.04亿余股，成交额共计人民币13.22亿余元，至2008年5月7日该信息公告时，上述股票账户的账面收益额为人民币3.06亿余元。黄某又在广东借用他人身份证开立个人股票账户或直接借用他人股票账户共计30个，于2007年8月13日至9月28日间，累计购入中关村股票3166万余股，成交额共计人民币4.14亿余元，至2008年5月7日该信息公告时，上述30个股票账户的账面收益额为人民币9021万余元。最初每股价格是3.4元，之后的大牛市疯狂冲顶阶段，最高价格窜升至17.8元。在这些账户中，有数百万资金到上亿不等，国美的原财务副总监曹某还曾应黄某之妻的指令，将这些账户的资金反复提现转存，共计卖出两三千万股股票，变现价值1.2亿元左右。法庭认为，在涉及对证券交易价格有重大影响的信息尚未公开前，买入该证券，情节特别严重，被告人的行为触犯了《中华人民共和国刑法》相关规定，应当以内幕交易罪追究被告人的刑事责任。法庭最后一审宣判，黄光裕构成非法经营罪、内幕交易罪、单位行贿罪，三罪并罚执行有期徒刑14年，并处罚金6亿元，没收个人财产2亿元。黄某不服，上诉市高级法院，高院终审，维持原判。

生词

1. 传奇	chuánqí	*n.*	legend
2. 神奇	shénqí	*a.*	magical
3. 神话	shénhuà	*n.*	myth
4. 豪赌	háodǔ	*v.*	unrestrained gambling
5. 赌徒	dǔtú	*n.*	gambler
6. 风光	fēngguāng	*a.*	fame
7. 运作	yùnzuò	*v.*	operate
8. 决策	juécè	*v.*	make a decision
9. 窜升	cuànshēng	*v.*	rocket; rise quickly
10. 内幕	nèimù	*n.*	inside story

练习

一、复述本课案情：

二、根据课文内容，回答下面的问题：

1. 说说黄先生其人(是个什么样的人)。
2. 为什么说黄先生是个富有传奇色彩的人物？
3. 为什么说黄先生的成功之路很神奇、畅通？
4. “中国经济的转型期”出现在什么时候？“经济转型”的主要含义和特征是什么？
5. 在“中国经济转型期”前后，黄先生做了什么？
6. 你知道中国“凭票供应”是怎么回事吗？你经历过或听说过这样的事吗？
7. 你能用事实对比说说中国实现经济转型前后的变化吗？

8. 什么叫"聪明反被聪明误"？用黄先生的事说说，然后请举一个你经历过的例子。
9. 说说黄先生在涉及对证券交易价格有重大影响的信息尚未公开前，买入该证券生"内幕交易罪"是主要内容。为什么说，黄先生"在涉及对证券交易价格有重大影响的信息尚未公开前，买入该证券"，是非法的犯罪行为？

三、阅读下面的短文，然后回答问题：

法庭判决黄先生有三项罪名。另外两项是：一、被告人在国家规定的交易场所以外非法买卖外汇，扰乱市场秩序，情节特别严重，触犯《刑法》第225条。二、被告向公安部经济犯罪侦查局北京直属总队总队长相某行贿，钱物合计106万元；向北京市公安局经济犯罪侦查处靳某行贿150万元；向国家税务总局稽查局处长孙某行贿100万。请求上列数人，在办理被告涉嫌贷款诈骗案件中提供违法违规的帮助。黄某为谋取不正当利益行贿，情节严重，触犯了刑法，应当以单位行贿罪追究被告单位及被告人黄某的刑事责任。

1. 你知道中国外汇管理的一些基本法规吗？为什么必须遵守这些法规？
2. 在中国行贿、受贿，都是一种犯罪行为，视情节轻重，都将受到法律约束和制裁。你对这个问题有什么看法？

四、请给下面各个词中的"传"字标注出正确拼音：

宣传　传统　传记　自传体小说　水浒传　传媒

五、下面是中国名著《三国演义》中的一段经过改写的浅近文言文，试翻译成现代汉语，说说这个故事，然后解释一下"坐上客"和"阶下囚"是什么意思：

刘备兵败小沛（在今江苏），投曹操。布（吕布）得小沛、徐州，终日酒色无度，曹、刘率大军攻之，败，被擒。曹、刘同坐白门楼，缚布于阶下,欲斩之。布告玄德(刘备)曰:“公为坐上客,布为阶下囚,何不发一言而相宽乎?”布终处死。

六、阅读课文,回答问题:

课文中“有女不愁嫁”或“皇帝的女儿不愁嫁”是个比喻,它的比喻对象是什么?在计划经济条件下,是卖方市场,所以“有女不愁嫁”;在市场经济条件下,已经由卖方市场变为买方市场,还是“有女不愁嫁”吗?

七、阅读下面的成语、俗语故事,然后回答问题:

中国古典名著《红楼梦》里,有一个很重要的人物叫王熙凤,人称凤姐。在书中第五回有一首唱词,是评说她的。开头两句是“机关算尽太聪明,反误了卿卿性命”,大意说,凤姐一生很聪明,用尽了心机,做了许多害人利己的事,结果把自己的命搭了进去,不得好死。回答下面的问题:

1. 从下面选择一个“机关算尽太聪明,反误了卿卿性命”句中“机关”一词的正确答案:
   A. 机器上的开关
   B. 国家公务员办公的地方
   C. 周密而巧妙的计算
2. 在课文中,“机关算尽太聪明,反误了卿卿性命”是评判的谁?请根据课文内容作进一步说明。

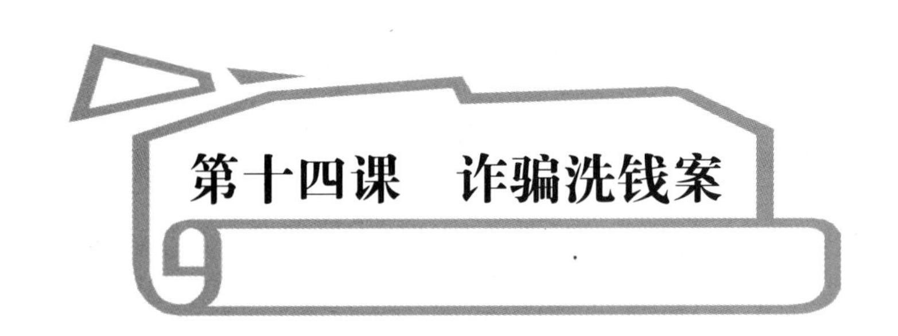

第十四课　诈骗洗钱案

案情

学　生：李先生，我是金融学院的学生，很希望多接触一些社会实际，今天想来向您请教一些问题。

李先生：不用客气，有什么问题就请问吧！

学　生：我注意到您在为《当代金融家》撰稿。《当代金融家》是由中国人民银行研究生部编辑出版，在全球金融业界，中国人民银行研究生部享有盛誉，《华尔街日报》称之为“中国哈佛”。

李先生：这是《当代金融家》在外的名声。你为什么跟我谈这些？

学　生：最近的《当代金融家》有您同曹先生发表的一篇关于洗钱的分析，同学们都很感兴趣，让我来采访您，回去向他们报告。

李先生：你是指我国目前最大一起诈骗洗钱案。

学　生：洗钱数额高达6500万元。他们是怎么就轻易得手的？

李先生：这是一个组织严密、分工明确、专业化程度很高的犯罪团伙。他们有人专事诈骗，有人专事洗钱。

学　生：请您给我们介绍一下，他们诈骗的过程和手段。

李先生：其实，他们的手法很简单，一是以高回报诱骗巨额资金存入银行，二是伪造各种单据转移资金，三是行贿，买通金融机构工作人员，实现诈骗和转移资金，最后达到洗钱目的。

学　生：其实，这是一切诈骗犯罪的一贯伎俩，已经是路人皆知了。请您具体谈谈这个案子。

李先生：犯罪嫌疑人杨某等人，用高息返利，诱使某烟草公司将8000万元存入某银行蜀汉支行，开立账户后，再偷拿并伪刻银行预留印鉴，使用伪造的转账支票，将该烟草公司8000万元存款中的6500万元转入李某虚假注册成立的蜀港投资有限公司，并制作了一张8000万元的虚假定期存单交付该烟草公司。

学　生：听起来，这一连串行动中，已经有四次作假了。

李先生：是。李某在明知杨某等人所转6500万元资金系诈骗犯罪所得，仍提供蜀港投资有限公司和其他5家公司账户，帮助杨某等人转款。

学　生：转款后，黑钱就洗白了吗？

李先生：不，还没有。

学　生：那他们是采取什么手段，把黑钱洗白的呢？

李先生：两个办法，一是取现，二是投资。他们在银行柜台用控制的公司账户，支取现金4500万元，同时取现用于投资水电站、加油站、矿山、房地产、证券等项目，从而彻底掩盖了黑钱的去向，清洗了犯罪所得。

学　生：这么简单的洗钱方式，怎么就骗过了企业和银行的专业管理人员了呢？

李先生：你问得很好。这不是个人素质问题。

学　生：那是什么问题？

李先生：银行和企业内控制度执行不到位，为犯罪分子提供了可乘之机。

学　生：请举例说。

李先生：银行业之间竞争日趋白热化。为多争取储户和存款，有的金融机构，特别是基层银行，不惜牺牲内部控制要求，违规开展业务。

学　生：还有呢？

李先生：传统的现金和票据管理方式，存在“被洗钱”风险。

学　生：什么“被洗钱”风险？

李先生：在本案中，犯罪团伙直接支取现金近4500万元，其中近3000万元以现金方式全部带走，1500万元从单位账户支取后立即存入个人银行卡账户。

学　生：在金融市场与信用制度较发达的国家，大量取现几乎是不可能的，他们控制得很严。

李先生：是。这是我们金融业的传统，所以大额现金交易，成为我国洗钱犯罪的一个突出特征。

学　生：那么，这起诈骗洗钱罪行，是怎么败露的呢？

李先生：一天，烟草公司收到某银行送达的对账单，发现余额有误，该行立即进行查账，发现烟草公司账上定期存款余额只有1500万元。烟草公司拿出自己的8000万元存款单据，银行验证烟草公司持有的8000万元定期存款开户单据纯系伪造。

学　生：巨额存款早已不翼而飞，企业和银行的反应怎么这么迟钝？

李先生：是啊。后来警方介入，这才把罪犯绳之以法。

庭审

法院经过缜密侦查和质证，公开宣判，认定被告人杨某犯票据诈骗罪和金融凭证诈骗罪，判处死刑缓期2年执行，剥脱政治权利终身，并处没收个人全部财产；认定李某犯洗钱罪，判处有期徒刑8年，犯虚报注册资本罪,判处有期徒刑2年,决定合并执行有期徒刑9年,并处罚金510万元。

生词

1. 接触	jiēchù	*v.*	contact
2. 撰稿	zhuàn gǎo		write articles
3. 得手	dés hǒu		succeed; come off
4. 印鉴	yìnjiàn	*n.*	seal
5. 素质	sùzhì	*n.*	quality
6. 内控	nèikòng	*v.*	internal control
7. 可乘之机	kě chéng zhī jī		opportunity
8. 白热化	báirèhuà	*v.*	intense; turn white-hot
9. 不翼而飞	bú yì ér fēi		miss; disappear
10. 迟钝	chídùn	*a.*	slow; obtuse

练习

一、复述本课案情:

二、根据课文内容,回答下面的问题:

1. 课文中说"这一串行动中,已经有四次作假了",是哪四次?
2. "个人素质"是指什么?你认为,企业和银行等金融机构的人员,应该具备什么素质?
3. 一些金融犯罪屡屡得手,真的与金融机构人员的个人素质无关吗?为什么?

4. 课文中说,“传统的现金和票据管理方式,存在‘被洗钱’风险。”你在中国,有过这样的经历和感想吗?比如,公司在银行存款,预留印鉴,取款时银行使用折角方式验印,在计算机技术高度发达的今天,会有风险吗?说说道理。
5. 在中国,可以在银行柜台大量支取现金,存在哪些风险?在你们国家,可以在银行大量提取现金吗?
6. 地方建设项目,吸引外来资金,有“被洗钱”的潜在危险吗?为什么?
7. 什么叫“洗钱”?在中国,现在流行一种说法:人们的收入分为白色、黑色、灰色、金色多种。你能说明,这几种收入是什么收入吗?什么钱才需要“洗钱”?

三、阅读下面的案例 然后回答问题:

公诉机关指控,被告人晏某在担任县交通局局长、长江公路大桥建设领导小组成员和办公室主任期间,利用职务之便,在工程承揽、工程款拨付等方面为他人谋取利益,先后收受工程承包人周某等17人贿赂,共计人民币2226万元,将其中的2165万余元交给其妻付某。付某明知该款系被告人晏某受贿所得,为掩饰、隐瞒其来源和性质,先后以本人和他人之名,将其中的943万余元分别用于购置房产、存入银行以及用于购买理财产品等。被告人晏某身为国家工作人员,利用职务之便为他人谋取利益并收受他人贿赂,共计2226万余元,情节特别严重,其行为触犯了《中华人民共和国刑法》,已构成受贿罪。被告人付尚芳掩饰、隐瞒受贿款来源和性质的行为,亦触犯了《刑法》,已构成洗钱罪。本院已依法裁决。

1. “身为国家工作人员,利用职务之便为他人谋取利益。”你怎样理解这句话?你对此有什么看法?
2. 受贿所得属于“五色收入”中哪一种收入?尚某为什么要洗钱?

四、选词填空,然后说说你选择的理由:

（伎俩　技能　技巧）

1. 做一个好的推销员,需要一些特殊________和________。

2. 只玩________,没有真情实感,是写不出好作文的。
3. 一些骗人的________,其实不难识破。
4. 学习和掌握一种专业________,非一日之功。

五、下面是一段改写后的浅近文言文,请翻译成现代汉语,然后回答两个问题:

曹髦,曹(操)之重孙,魏文帝曹丕之孙。髦继帝位后,司马昭专政,有篡夺帝位之心。髦恨之,语人曰:"司马昭之心,路人所知也,吾不能坐受废辱,吾誓杀之。"

1. 解释"司马昭之心,路人皆知"是什么意思?
2. 课文中"路人皆知"的具体内容是什么?

六、现在有一种很时髦的说法,叫"被……",比如"被洗钱"、"被炒作"、"被就业"、"工资被平均"、"住宅面积被增长"等等。阅读下面一段话,然后回答问题:

2010年新版《红楼梦》电视连续剧导演李少红,接受记者采访。记者问:很多人认为,从演员选秀开始,《红楼梦》剧组就在炒作。李少红说:"假作真来真亦假。这话真的应了我们的处境,假的能变成真的,真的反倒被说成假的了。在炒作盛行的时代,很多人确实认为是我们在炒作,实际情况是我们一直被炒作着。"

1. 李少红这段话是什么意思?
2. 上列时髦说法"被……"等短语,都是什么意思?
3. "被爱是一种幸福"、"他被人骗了"、"崔某被移民局遣返"等是"被"字句的传统用法。这种用法,与上列时髦用法,有什么不同?

第十五课　保险诈骗遣返首案

案情

见习生：王姐，我们听完了庭审，您赶快写报道稿吧，以便尽早发回报社。

王记者：你执笔吧，我帮你。

见习生：那哪儿成啊，我还是见习生呢。

王记者：没关系，路是走出来的，游泳最终是在水里学会的。

见习生：好吧。我们先一起回忆一下案情和庭审经过吧。

王记者：2002年，崔某伙同邓某、陈某，以支付高息为诱饵，采取冒充中国人寿公司工作人员的身份，编造一年期险种，使用伪造的保险公司印章和作废的保单、收据等手段，先后与中国航天科技集团第五研究院、中纺粮油进出口有限责任公司签订虚假的保险合同，骗取上述两家大型国有企业保费2425万元。

见习生：崔某和邓某是发小，和陈某同是中国人寿公司的业务员，关系一直不错。1988年，他因为偷摩托车被判刑4年，并被开除了公职。

王记者：他们这种特殊关系和背景，结为一伙，共同作案，也就好理解了。

见习生：崔某出狱后，陈某已是保险公司综合科科长了。

王记者：当时保险公司的员工都有任务指标，崔某和邓某一起帮助陈某拉保险。他们四处寻找猎物。

见习生：他们终于瞄准了研究五院和中纺粮油公司。

王记者：是。他们有意投保，但希望投保期短的险种，而保险公司最短的险种是5年。

见习生：他们哪儿肯眼见到手的鸭子飞了？

王记者：熟悉保险公司业务的陈某设计了一个一年期的险种，崔某私刻了保险公司的公章，开设了保险账户，陈某又提供了保险公司已经作废但并未收回销毁的保单，与对方单位签订保险合同。

见习生：局外人，谁能想到，那保单是已经作废了的。

王记者：为了赢得投保单位信任，当时已经离职的陈某还冒充保险公司的业务经理，与投保单位在保险公司的业务大厅办理投保手续，顺利收取了对方支票。

见习生：在保险公司营业大厅办理投保手续，还能被骗吗？他们真是做得天衣无缝啊！

王记者：资金打入假保险公司账户后，邓某等人就将钱转入崔某为法定代表人的公司了。

见习生：当年底，投保单位在向保险公司要求退保时，突然得知，公司根本没有邓某和崔某两名业务员，也没有投保公司的业务。事情终于败露。投保单位立即报警。

王记者：案发后，崔某与他的同伙，知道案情重大，甚至将获死刑。于是，大难来时各自飞，三十六计，走为上。

见习生：陈某逃往外地。崔某与同伙，在黑市用赃款换得外汇100多万美元后，与邓某利用事先准备的护照逃到了加拿大。

王记者：天网恢恢，就是逃到天边，也要被抓回来，现在不都先后落网了嘛！

见习生：是啊。他的同伙邓某因非法滞留，被加拿大移民局遣返；另一同伙陈某如惊弓之鸟，仓皇出逃，在河北、浙江、湖南和广州等地，昼伏夜出，白天睡澡堂子，晚上像幽灵四处游荡，无处藏身。

王记者：崔某在加拿大的日子很不好过。钱都控制在邓某手里，每次给他几百、一千，邓某似大爷，他似听差，过着寄人篱下的生活。后来，他买了一辆二手车，拉黑活、打黑工。

见习生：崔某从网上看到法院开庭审理邓某的视频。邓某在供词里和法庭上，把责任全推到他的身上，并说钱都在他崔某手里，他倒成了特大保险诈骗案的主犯。崔某就动了回国把事情说清楚的念头，终于在2010年春节前，自动到加拿大移民局接受了遣返。

王记者：崔某是中国和加拿大2009年12月发表《中加联合声明》后，成功合作遣返的首名逃犯。

见习生：王姐，谢谢您。您帮我把案情回忆得很详细，很清楚。我一定能以最快速度，写出这篇新闻稿。

王记者：我相信，会是一篇好稿子！

庭审

2400万保险诈骗案案发后，两家受骗单位将中国人寿公司起诉到法院，要求赔偿巨额损失。在法庭上，两家被骗单位称，他们投保时为了避免被骗，特意到保险公司的营业厅进行考察，当时是陈某接待了投保单位的办事人员，签订合同交支票也都是在保险公司业务厅办的。陈某提供的保单，也是保险公司的真实保单。两家被骗公司认为，保险公司在该事件中有明显过错，要求全额赔偿他们的保费和利息。法院经审理认为，在该事件中，投保单位和保险公司都有过错。保险公司应为投保人提供安全的投保环境，保险公司未尽到管理责任，应承担相应的责任。最终法院判决保险公司赔偿两家投保单位的保费损失，但驳回投保单位索要利息的诉讼请求。保险公司上诉后，市高等法院维持原判。法院认为，被告人崔某以非法占有为目的，伙同他人采取虚构事实，冒用其他单位工作人员名义等手段，诱骗被害单位签订并履行涉案合同后，骗取被害单位巨额资金，其行为已构成合同诈骗罪且犯罪数额特别巨大，犯罪情节特别严重。鉴于崔某自愿接受遣返，归案后能够如实供述犯罪事实，可视为有自首情节，法庭依法作出判决：判处崔某有期徒刑十四年，并处罚金14万元人民币。对崔某尚未归还的犯罪所得人民币2425万元，法院将继续追缴，并将其发还给中国人寿保险股份有限公司。

生词

1. 执笔	zhí bǐ		do the actual writing
2. 诱饵	yòu'ěr	*n.*	bait
5. 公职	gōngzhí	*n.*	public employment
6. 指标	zhǐbiāo	*n.*	quota; target
7. 猎物	lièwù	*n.*	prey
8. 瞄准	miáozhǔn	*v.*	take aim
9. 局外人	júwàirén	*n.*	outsider
10. 滞留	zhìliú	*v.*	linger; hold up
11. 移民局	yímínjú	*n.*	immigration office
12. 遣返	qiǎnfǎn	*v.*	repatriate
13. 仓皇	cānghuáng	*a.*	in panic
14. 幽灵	yōulíng	*n.*	ghost
15. 游荡	yóudàng	*v.*	loiter; loaf about

练习

一、复述本课案情:

二、根据课文内容,回答下面的问题:

1.什么人叫“见习生”？课文中的见习生和王记者,在旁听完庭审后,有什么工作要做?

2. 王记者说:“你执笔吧”,这是什么意思？见习生说“那哪儿成啊”。他为什么这样说?

3. 什么是“险种”？什么是“保单”？崔某等人使用了什么手段,诱骗两家大型国营公司与他们签了合同?

4. 崔某等人是怎么顺利取得两家国营公司的保费支票的?

5. 崔某人的骗保案是怎样败露的?

6. 崔某等人在黑市换取外汇,是一种什么行为？合法换汇,应该在什么地方?

7. 据你所知,外籍人员,在什么情况下,会被所在国移民局遣返？崔某、邓某为什么先后被加拿大移民局遣返?

8. 陈某出逃后过的什么日子?

9. 崔某出逃后过的什么日子?

10. 崔某为什么能主动接受加拿大移民局遣返?

三、根据课文内容,谈谈你对这两个词的理解。

“煮熟的鸭子飞了”、“寄人篱下”,都是一种修辞用语。“煮熟的鸭子——飞了”可看成是歇后语;“寄人篱下”也作“寄人屋檐下”,借喻借住在别人家里,依附别人生活,难免要看主人家的脸色,生活不能自立,心情很不好。

四、阅读下面的成语、俗语故事,然后回答问题:

1. “三十六计”,表示计谋多端,原来没有实数和详细内容,后来人们凑足三十六个计谋。像“空城计”、“美人计”、“苦肉计”、“反间计”、“声东击西"、"瞒天过海"、"调虎离山"等等，都是其中很有名的计谋。你能说出其中一两个计谋的具体内容吗？你还知道"三十六计"中其他一些计谋吗？最早，"三十六计"用于军事战争，现在普遍用于商战和生活。课文中的"三十六计，走为上"是什么意思？

2. 为下面的话补上一句话或一个短语，组成一个习惯用语或成语，然后谈谈你的理解：

   例：三十六计，走为上计。

   (1) 千金易得，______________。

   (2) 天网恢恢，______________。

   (3) 世上本没有路，______________。

   (4) ______________，当局者迷。

   (5) ______________，大难来时各自飞。

3. 惊弓之鸟：中国古代有这么一个故事，一个大臣对君王说："我能虚发一箭（只拉响弓，不发箭），就能把天上的飞鸟射下来。不一会儿，一只鸟飞来，这大臣虚发一箭，果然那飞鸟就掉了下来。君王很奇怪，问："怎么会这样？"这位大臣说："这鸟飞得很慢，鸣叫声很悲伤。飞得慢，是因为创伤很痛；鸣叫声悲哀，是因为丢失了伙伴，成了一只孤鸟。受到的惊吓还没有平复，听到我的箭响，它就吓死了。"

   课文里所说的"惊弓之鸟"是指什么人？为什么说他们成了"惊弓之鸟"？

4. "寄人篱下"：从古至今，一些有钱有势的人，都养着一大批人，这些人，有的当参谋，有的可以不顾生死为主人效力。这些被养着的人，中国古时叫"门客"或"食客"。齐国宰相孟尝君就养着数千"门客"。有一个非常有名的"门客"叫冯谖（xuān），穷得没法活，就求人去找孟尝君，说愿投到他的门下。他不受重视，后来总抱怨生活待遇不好，说："吃饭没有鱼呀，出门没有车呀，没有钱养家呀，这寄食门下的日子不好过呀，还不如回家。"篱下，竹木栅栏，相当于现在的围墙，代指门户、住宅。"寄食门下"后用作"寄人篱下"。

   (1) 成语"寄人篱下"是什么意思？

   (2) 课文里"寄人篱下"是指什么人的一种什么样的生活？

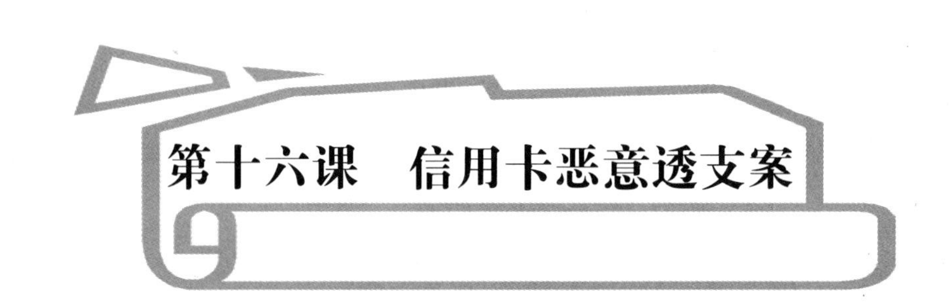

第十六课　信用卡恶意透支案

案情

通讯员：我是早报的通讯员，检察官先生，今天，信用卡诈骗罪案，已经审理完毕，有些问题，我想向您请教。

检察官：请说吧，不用客气！

通讯员：信用卡消费，已经进入寻常百姓家，年轻人，几乎人人都有信用卡。银行信用卡发卡量迅速攀升，信用卡坏账风险也随之显现。像汤某这样的案子，是不是也越来越多。

检察官：是。汤某毕业于复旦大学计算机专科。从1999年起，他做起了计算机个体户经营。

通讯员：这不是很好嘛，专业对口，可以充分发挥自己的特长和优势！

检察官：是啊，在2003年，他注册成立了电子技术有限公司，自任公司老板。

通讯员：给别人打工，那是辛辛苦苦为别人赚钱，总不如自己做老板。现在的年轻人谁不想当老板啊！

检察官：可是他一无资金，二无固定客源，又急功近利，不满足于小打小闹，总想一夜之间把自己这块蛋糕做大。

通讯员：于是，他只好从银行借钱。

检察官：是。五年之间，汤某先后以自己、妻子和朋友的名义，在上海银行、建设银行、工商银行、中国银行等8家银行的信用卡中心，申领了24张银行贷记卡。

通讯员：为什么办这么多银行信用卡，有这个必要吗？

检察官：他从国美电器、苏宁电器、永乐电器和一些电子有限公司处大量进货，就用这些银行信用卡支付货款。

通讯员：蛋糕真做大了？ 生意火起来了？

检察官：蛋糕是做大了，生意却没有火起来，而且业绩逐渐走下坡路，终于不可收拾。

通讯员：那他还清了银行信用卡欠款吗？

检察官：汤某利用多张银行卡透支还款的时间差，拆东墙补西墙，仍然无力偿还银行透支款。为了弄到钱，汤某不但将自家的房产抵押给债权人，甚至还借高利贷度日。

通讯员：啊，这不是走进了泥潭，越陷越深，不能自拔嘛！

检察官：是啊。上述多家银行多次发函给汤某夫妇，催还透支款，但汤某家中固定电话无人接听，手机关机。

通讯员：就是说，人间蒸发了？ 逃匿或隐姓埋名了？

检察官：上述银行先后向公安机关报案。

通讯员：在什么地方把汤某捉拿归案的？

检察官：两个月后，汤某主动到公安机关自首，交代了恶意透支事实，并退赔6万元。

通讯员：嗯，这是个明智选择。

检察官：汤某承认涉嫌的信用卡透支本金金额达90多万元，再加上利息滞纳金，约120余万元。

通讯员：啊，数额如此巨大！

检察官：所以，法院最后判决，汤某涉嫌信用卡诈骗罪。

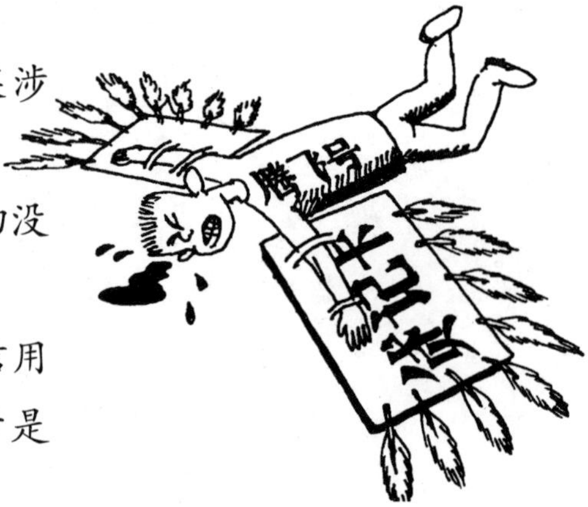

通讯员：这个结果，恐怕是汤某当初没有想到的。

检察官：是啊，现在的人，只知道信用卡好使，却不知道信用卡是一把双刃剑。

通讯员：这怎么讲？

检察官：刷卡消费的快捷方便，却不知道用信用卡套现和消费，更让人容易在不知不觉中债台高筑，甚至成为经济罪犯。

通讯员：这的确值得警惕。那么，汤某的行为，就是一个教训！

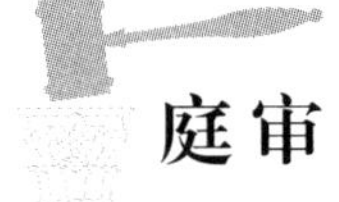

庭审

在开庭审理中，汤某为自己辩护称，透支钱款用于公司经营运作，不应以刑法来认定透支行为，而属于民法中的借贷关系。法院认为，新司法解释进一步明确规定了"恶意"透支的标准，一共有六条，只要具有以下行为方式之一的，就可认为主观上有"以非法占有为目的"：其一，明知没有还款能力而大量透支，无法归还的；其二，透支后逃匿、改变联系方式，逃避银行催收的。汤某既无经济实力，也无还贷能力，以非法占用为目的，对持有的24张信用卡恶意透支，总金额达人民币116万余元，属数额特别巨大，在银行两次催收后，电话无人接听，本人逃逸，其行为已构成了信用卡诈骗罪。考虑到汤某有投案自首情节，判处有期徒刑9年，并处罚金人民币30万元。

生词

1. 透支	tòuzhī	*v.*	overdraw; overdraft
2. 寻常	xúncháng	*a.*	ordinary; common
3. 百姓	bǎixìng	*n.*	common people
4. 攀升	pānshēng	*v.*	rise
5. 显现	xiǎnxiàn	*v.*	appear
6. 发挥	fāhuī	*v.*	bring into play

7. 优势	yōushì	*n.*	advantage
8. 辛苦	xīnkǔ	*a.*	working hard; laborious
9. 客源	kèyuán	*n.*	potential customers
10. 急功近利	jí gōng jìn lì		be eager for instant success and quick profits
11. 业绩	yèjì	*n.*	results
12. 逃匿	táonì	*v.*	go into hiding
13. 逃逸	táoyì	*v.*	escape

练习

一、复述本课案情。

二、根据课文内容，回答下面的问题：

1. 你有信用卡吗？你为什么要使用信用卡？
2. 什么是银行“信用卡坏账”？
3. 什么叫“专业对口”？为什么说汤某所学和他开的公司“专业对口”？
4. 现在社会很浮躁，人们普遍急功近利，不满足于小打小闹。你对此有什么看法？
5. 汤某用了什么办法，把他的蛋糕做大的？
6. 为什么说，汤某利用信用卡透支和借高利贷的方法做大自己的蛋糕，“是走进了泥潭，越陷越深，不能自拔”？
7. 汤某案发后，都做了什么？他做的事中，什么是不明智的？什么事是明智的？
8. 什么人是“卡奴”？“卡奴”的生活状态是什么样的？他为什么会成为“卡奴”？
9. 什么是善意透支？什么是恶意透支？为什么说汤某的透支行为属于恶意透支？
10. 怎样认定“主观上有以非法占有为目的”的信用卡透支行为？

三、阅读下面的案例，然后回答问题：

一家食品公司经理路某，在多家银行先后办了15张银行信用卡，透支24万，用于公司资金周转。开始，企业没有明显亏损，还可以按期还款。后来，企业经营不好，逐渐拖欠还款，以至再也无力偿还。银行多次打电话催收，路某都不接听，后来干脆更换了手机号码。于是，银行报警，路某被抓，以信用卡诈骗罪受审。

1. 这个案件，与汤某案有什么不同吗？具体说说你的看法。
2. 路某的案子会怎么判决？说说判决的法律依据。
3. 什么叫"资金周转"？企业的周转资金一般都如何筹集？

四、阅读下面的司法解释，然后回答问题：

最高人民法院、最高人民检察院联合出台了《关于办理妨害信用卡管理刑事案件具体应用法律若干问题的解释》，对信用卡犯罪，有非常明确的限定。关键看是恶意透支还是善意透支。根据刑法第196条的规定，恶意透支是指持卡人以非法占有为目的，超过规定限额或者规定期限透支，并且经发卡银行催收后仍不归还的行为。持卡人透支后主动或经催收后及时偿还卡债，可以认定为善意透支。相反，在银行频繁催缴欠款的情况下，为逃避银行继续追缴，又主动更换联系电话和办公地点，逃避银行催收，拒不还款，便可认定透支信用卡，持卡人以非法占有为目的，具有恶意。

1. 什么是善意透支？什么是恶意透支？
2. 怎样认定"主观上有以非法占有为目的"的信用卡透支行为？

五、各用一个意思相同的成语或诗句来表达下面各句的意思：

1. 当初没有想到的。（　　　　）
2. 信用卡消费，已经进入普通百姓家。（　　　　　　）
3. 给别人打工，那是辛辛苦苦为别人赚钱。（　　　　　）
4. 负债累累，越积越多。（　　　　）

六、下面是一些比较生动、形象的词语，在课文中都有比喻意义。请先解释各个词的字面意义，再解释它在课文中所要表达的意思是什么：

1. 小打小闹
2. 把自己这块蛋糕做大
3. 走下坡路
4. 拆东墙补西墙
5. 走进了泥潭，越陷越深，不能自拔
6. 人间蒸发
7. 双刃剑

第十七课　假发票偷税案

案 情

记　者：稽查官先生，我不止一次在大街上遇到有人低声问我："要发票吗？"我知道，这是倒卖假发票的。

稽查官：也不全是假的，也有真的。

记　者：现在，在北京的繁华街道、火车站、地铁进出口、过街天桥，光天化日之下，大庭广众之中，公然倒卖发票，为什么会是这样？国家的税务部门就不管吗？

稽查官：管，当然管！但是有一定难度。

记　者：为什么？

稽查官：利益驱使！而制售假发票、倒卖真假发票的风险成本又太低，连一些知名的大企业，都有套购、虚开发票的违规、违法行为。现在存在着一个庞大的买方、卖方市场。

记　者：您能举一个案例来说明吗？

稽查官：好，我们先来看一个案子。黑龙江省破获了一起虚开发票偷税大案：范围涉及黑龙江、天津、河北三地，502家企业涉案，涉税额高达14.5亿元。

记　者：啊，这真是惊天大案！

稽查官：更令人不可思议的是，首犯竟然是一家废品收购公司的老板。

记　者：有这样的事？你们是怎么发现的？

稽查官：国税局在对废旧物资经营行业检查时发现，龙江县兴盛废品收购有限责任公司，在两个月内的销售额竟然高达5.59亿元！

记　者：一个收破烂的公司，两个月怎么会有如此高的销售额？

稽查官：这对一个经济并不发达、国税年收入只有2700万元的一个小县来说，简直就是天方夜谭！

记　者：这些犯罪分子也真够愚蠢的，他们的伎俩也太拙劣了，他们这不是自欺欺人嘛！

稽查官：这个大案，立即引起国家税务总局高度重视。国家税务总局和公安部立即把这个案件列为全国重点督办案件。

记　者：龙江县兴盛废品收购有限责任公司应该是首当其冲。

稽查官：是。这家公司在工商部门办理营业执照后，国税局办理了税务登记，按规定，共领购发票25本，然后给天津市、河南省、山西省多家企业开出发票，两个月内金额就达5.59亿元。

记　者：涉案金额不是14.5亿吗？

稽查官：案情是逐渐浮出水面的。

记　者：那就顺藤摸瓜，连根拔起！

稽查官：兴盛废品收购有限责任公司发现倒卖发票，获利巨大，便先后注册了11家回收公司，开始了肆无忌惮的虚开发票活动。

记　者：那就抓住这一线索，穷追猛打！

稽查官：是。我们税务稽查部门和公安人员联手，对省内1593户废旧物资回收经营企业进行排查，随即往返奔走于天津、河南等地调查取证，虚开废旧物资销售发票企业竟有数十家，而数百家经营企业涉案，套购虚开发票，致使14.5亿元税款流失。

记　者：这真是一张错综复杂的偷税巨网！犯罪分子为什么瞄上废旧物资回收行业呢？

稽查官：主要有两个原因：一是废旧物资回收企业免税；二是当时废旧物资发票还没有完全纳入税控防伪系统，管控相对薄弱。

记　者：虚开发票的根本目的是为了偷逃国家税款。您刚才说，买卖发票是利益驱使，废旧物资回收企业既然免税，他们为什么还要倒卖发票呢？

稽查官：在没有真实交易的情况下，废旧物资回收企业把发票虚开给生产企业，可从中收取1%到4%的手续费；生产企业接受虚开的发票后，再按10%抵扣增值税。有些企业在接受虚开发票后，又对外虚开增值税发票赚取手续费；而接受虚开增值税发票的下家企业，又可以按17%抵扣增值税。

记　者：啊，这真是一个巨大的利益链！

稽查官：所以，一些无经营资金、无生产场地、无生产设备的假企业，制售假发票的团伙，也纷纷加入这个巨大的利益链！

记　者：现在我明白了，您为什么说要管制倒卖发票有难度了。

稽查官：倒卖真假发票的风险成本太低，也是造成管理难度的因素之一。

记　者：能解释一下吗？

稽查官：举个例子吧，在大街上抓到一个倒卖发票的，依照有关规定，倒卖发票罪，最低标准是50份发票，而抓获他们时，他们手里基本不留发票或者只有几张样品，你怎么判他的罪？

记　者：拿他没辙？

稽查官：我国刑法规定，套购普通发票最高判刑7年，或处50万元以下罚金。这对一般犯罪行为，起不到足够的震慑作用。

记　者：看来，我们的刑法还需要进一步完善，加大惩治力度。

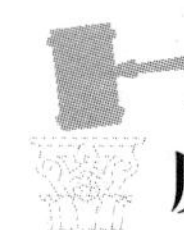

庭审

黑龙江省龙江县兴盛废品收购有限责任公司倒卖和虚开发票案案发后，公安机关一举捣毁了这张错综复杂的偷税巨网，67名犯罪嫌疑人先后被抓获归案。目前，各案发地法院已陆续对部分犯罪嫌疑人作出了一审判决，22人被判刑。各涉案地税务机关查补税款12.39亿元，罚款4.89亿元。首犯张某，案发后亡命天涯，经网上通缉，公告悬赏，跨省追捕，方捉拿归案，依法被判处死刑。

生词

1. 繁华	fánhuá	*a.*	bustling
2. 驱使	qūshǐ	*v.*	drive
3. 套购	tàogòu	*v.*	illegally buy up
4. 愚蠢	yúchǔn	*a.*	stupid; silly
5. 拙劣	zhuōliè	*a.*	bad; crude
6. 督办	dūbàn	*v.*	supervise
7. 浮出	fúchū	*v.*	surface; become obvious after having been hidden for a while
8. 穷追猛打	qióng zhuī měng dǎ		hot pursuit
9. 流失	liúshī	*v.*	be washed away
10. 薄弱	bóruò	*a.*	weak
11. 没辙	méi zhé		no way out
12. 震慑	zhènshè	*v.*	deter
13. 捣毁	dǎohuǐ	*v.*	destroy
14. 错综复杂	cuòzōng fùzá		complex

练习

一、复述本课案情：

二、根据课文内容，回答下面的问题：

1. 你在大街上遇到过倒卖发票的人吗？同他们交谈过没有？你感觉他们都是些什么人？
2. 为什么说，管制倒卖假发票有难度？
3. 为什么说，兴盛废品收购公司倒卖发票案，是天方夜谭？
4. 倒卖发票的犯罪分子，为什么会瞄上废旧物资回收行业？
5. 中国市场上，为什么会出现一个庞大的倒卖发票的卖方、买方市场？
6. “倒卖真假发票的风险成本太低”，所谓“风险成本”是一种什么成本？过低的“风险成本”，对遏制倒卖发票乱象，会有震慑作用吗？
7. 税务人员和警方，常常拿倒卖发票的人没辙，为什么？有没有根治倒卖发票这种社会乱象的办法？
8. 你知道什么是营业税发票、所得税发票、增值税发票吗？

三、阅读下面的材料，然后回答问题：

犯罪嫌疑人齐某，在半年时间内，以吉通乐商贸公司之名，采取提供虚假交易协议套购发票、非法使用北京市定额专用发票，分九次从地税局购买定额专用发票330本，每本50份，总计16500份，面额总计160多万元。地税局进行实地核查时，采取核实工商登记信息、法定代表人、股东相关信息等方法，始终无法与该公司人员联系上。更让人感到意外的是，税务稽查人员经过多方排查，联系上该公司的兼职会计，他居然并不知道北京吉通乐商贸中心这家公司，他也不是这家公司的会计。吉通乐公司用来进行税务登记的这位会计人员的身份证、会计证书，他早已丢失并注销了。齐某在购得发票后，先后数次以每本定额发票收取8元的费用，再按所售定额发票面值8%提取手续费的价格结算，卖给北京5家公司290本北京市定额专用发票，非法获利116320元。

这是一起重大套购并非法使用北京市定额专用发票案，案发后，检察院批准逮捕。

1. 你知道，什么是“定额发票”吗？什么样的企业可以从地税局购买“定额发票”？
2. 这家吉通乐公司与课文中的兴盛废品收购公司倒卖的发票，是同一种类型吗？两家公司的犯罪情节与性质有何异同？试加以说明。

四、根据下文，回答问题：

“天方夜谭”，本来是书名，又名《一千零一夜》，是一本阿拉伯著名民间故事集，内容包括寓言、童话、恋爱故事、冒险故事、名人轶事等。你读过《一千零一夜》吗？因为这本书想象力丰富，富于神话色彩，“天方夜谭”，渐渐成为一个有特殊意义的成语，比喻虚无夸张、荒诞不经的事或言论。课文中为什么说兴盛废品收购公司两个月的销售额竟然高达5.59亿元，是天方夜谭？

五、解释下面加着重号的词：

天方夜谭　趋利　亡命天涯　奔走　穷追猛打

六、下面的成语，有一个成语的读音有错误，请你指出来，并改正；查查词典，试解释这些成语：

首当其冲 shǒu dāng qí chōng　肆无忌惮 sì wú jì dān
光天化日 guāng tiān huà rì　自欺欺人 zì qī qī rén
大庭广众 dà tíng guǎng zhòng

七、阅读课文，解释词语：

顺藤摸瓜，连根拔起：这是农田作业的一个术语，字面意义是顺着藤蔓就可以摸到藤蔓上生长的瓜；拔草时可以连根一同拔起来。比喻做什么事按某种线索可以找到想要的结果和怎么做可以做得彻底。请问课文里用“顺藤摸瓜，连根拔起”，是什么意思？

第十八课　劳动合同纠纷案

案 情

记　者：姜先生，您是原告的代理律师，请问今天庭审结果怎么样？

姜律师：我们的诉求，得到法庭部分支持。

记　者：您是说，你们原告和被告打成了平手。

姜律师：不是平分秋色。我们有些遗憾！

记　者：那么，请您具体说说。

姜律师：你知道，这是一起劳动合同纠纷案。我的当事人徐小姐要求提前解除劳动合同关系。这是很正常的事。

记　者：是什么理由？

姜律师：是个人原因，她需要更多的时间照顾家庭。她的工作单位万向财务有限公司也接受了她的辞呈。

记　者：那还有什么纠纷？

姜律师：万向公司认为，徐小姐与公司签订了十年工作合同，但她工作了不到一年就辞职，违反了双方签订的合同，违约就应当承担相应的责任。

记　者：那么，被告要求徐小姐承担什么责任呢？

姜律师：被告要求徐小姐支付违约金18900元，收取工作服成本费1395元。

记　者：徐小姐同意了吗？

姜律师：徐小姐当时急于到新的接收单位报到，在当天办理辞职手续，只好全额支付了上列两笔款项。

记　者：我注意到您是说“只好”，好像很不情愿。

姜律师：我的当事人是迫于无奈，心中当然不服。

记　者：为什么？

姜律师：我的当事人认为，在劳动合同期间提前一个月提出辞职，并没有违反法律规定或合同约定，公司向她收取违约金和工作服费用没有依据，要求公司退还两笔钱款。同时，星期六是国家法定休息日，而公司要求工作，因此，她要求被告支付加班费。

记　者：万向公司同意吗？

姜律师：当然拒绝。根据《中华人民共和国劳动法》及公司有关劳动合同实施细则，劳动者提前解除劳动合同，应支付违约金；违约造成损失的，要承担赔偿责任。被告称，双方根据合同约定和单位的管理制度，就违约金和工作服成本费问题协商一致，并已履行完毕，原告无权要求返还。

记　者：为什么连工作服的费用也要求偿还呢？这有点太不近人情了吧！徐小姐毕竟在公司工作了几个月嘛！

姜律师：情是情，法是法，情与法有时是不兼容的。按被告方的有关规定：“员工工作服原则上不收费，但在工作服发放后一年之内，员工辞职或被辞退、开除等，由人事部提供名单，由财务部收回工作服全额成本费，实物可归员工个人处置。”

记　者：那就是说，有合同就得按合同办事。那么，关于加班费的要求呢？

姜律师：万向公司当然也拒绝。他们与徐小姐签订的合同，是年薪制，即根据员工完成的绩效进行考核，并不以员工的出勤情况来作为计酬标准及考核标准。公司向员工发放的《员工工作手册》中也明确周六为工作日，说明周六的工资已体现在年薪中，员工无权再主张周六的加班工资。

记　者：这种规定合理吗？

姜律师：我的当事人只好向劳动争议仲裁委员会申请仲裁，仲裁委员会裁决，要求万向公司支付徐小姐三个月星期六加班费合计1184.42元，但不支持徐小姐的其他诉求。

记　者：徐小姐不服仲裁裁决，上诉到法院？

姜律师：是。今天，法庭已经审理终结。

记　者：您刚才说，你们对终审有些遗憾，是什么意思？

姜律师：因为我们的主要诉求没有得到法庭支持。

记　者：哦，是这样。

庭审

庭审中，双方出具了相关证据，法庭当庭进行了质证，经过法庭辩论，法庭认为，本案原、被告订立的劳动合同中，有关"任何一方合同期未满而提出解除劳动合同的，是否需要支付违约金和具体支付的额度，按《劳动法》及被告有关劳动合同实施细则办理，造成损失的，要承担赔偿责任"的约定，且违约金额的设定没有违反公平、合理的原则，故该约定合法、有效。原、被告就解除劳动合同达成一致意见后，被告按照合同约定，要求原告支付部分违约金及工作服成本费等，原告已自动履行，现原告主张返还，理由不足，本院不予支持。关于加班工资问题，原告在进入被告处工作时，双方约定劳动报酬为年薪制，原告年薪6万，对被告每周工作六天的工作制度是明知的，故原告要求被告支付星期六加班工资的请求，本院不予支持。但鉴于被告在仲裁裁决作出后，没有提起诉讼，视为对仲裁裁决无异议，故应按裁决支付原告加班工资1184.42元。据此，法庭判决如下：

一、被告万向财务有限公司支付原告徐小姐4月24日至6月23日期间周六的加班工资1184.42元，此款在本判决生效后十日内履行。

二、驳回原告徐小姐的其余诉讼请求。案件受理费50元，由原告徐小姐负担。

生词

1. 平手	píngshǒu	*n.*	draw; tie
2. 解除	jiěchú	*v.*	relieve; terminate
3. 辞呈	cíchéng	*n.*	written resignation
4. 报到	bàodào	*v.*	report for duty
5. 实施	shíshī	*v.*	implement; carry out
6. 迫于无奈	pò yú wúnài		phrase be forced and have no choice
7. 兼容	jiānróng	*v.*	compatible
8. 绩效	jìxiào	*n.*	performance
9. 考核	kǎohé	*v.*	assessment
10. 出勤	chū qín		attendance
11. 计酬	jìchóu	*v.*	calculate payment
12. 额度	édù	*n.*	specified amount
13. 异议	yìyì	*n.*	objection

练习

一、复述本课案情：

二、根据课文内容，回答下面的问题：

1. 这起劳动合同纠纷案是怎么引起的？
2. 徐小姐工作岗位和工资待遇都不错，她为什么要提出辞职？
3. 徐小姐主动提出辞职，为什么说又是迫于无奈办理了辞职手续？
4. 双方争议的焦点是什么？
5. 为什么说，法庭判决结果，双方没有平分秋色？
6. “情是情，法是法，情与法有时是不兼容的。”你对此有什么看法？能举例加以说明吗？
7. 徐小姐的主要诉求是什么？法庭为什么没有支持她的主要诉求？
8. 法庭认为，徐小姐要求被告支付星期六工作加班费不合理，法庭为什么又支持了她的诉求？
9. 法庭判决的主要依据是什么？原、被告双方能接受这个判决吗？为什么？

三、阅读下面的案例，然后回答问题：

今年6月，王小姐到张先生的公司应聘总经理助理职务，面试时，张先生问王小姐，该职务需要与客户保持长期联系与沟通，因此需要保持该职务的稳定，如果频繁换人会给公司带来巨大损失。你是否愿意签署两年的劳动合同？王小姐当即表示：目前我个人不存在不稳定因素，一旦被录用，将长期在公司工作。随后，公司与王小姐签署了为期两年的劳动合同。

刚刚两个月，王小姐突然向公司提出辞职。在张先生的一再追问下，王小姐才说：我来公司求职前，已经收到北京一所高校的硕士入学通知书，9月初才入学，我想用这两个月空闲打工挣点钱。

张先生听后非常愤怒，说公司发布招聘广告，组织面试，都要经费，如果王小姐当时如实说明只能工作两个月，公司无论如何也不会聘用她。如今，国内外一些重要客户是她负责联络，她一旦离职，公司重新招聘，不仅花费时间和人力物力，而且在这么短的时间更换客户联系人，势必引起客户的反感和疑虑，对公司信誉造成不良影响。王小姐违约，应该赔偿公司的经济损失。

1. 张先生公司招聘一个什么职位？公司 对这个职位有什么要求？
2. 王小姐突然辞职，是否构成违约？
3. 如果双方协商不成，是申请仲裁或是对簿公堂？结果会如何？

四、阅读下面的律师提示，然后回答问题：

张律师提醒劳动者，由于劳动者的过错造成用人单位损失的，法律明确规定应该给予赔偿。劳动者在求职、入职、跳槽过程中的风险大大增加。一旦违反法律规定，劳动者不仅极有可能要承担经济赔偿责任，甚至可能要承担信誉损失的风险。

1. 你对张律师的提示有什么感想？
2. 什么是"信誉损失的风险"？劳动者应该怎样对待这种"信誉损失的风险"？
3. 你在求职、入职、跳槽方面有什么经历吗？又有什么经验教训？

五、说一段话，用上下面的关键词语：

求职　合同　面试　职位　违约　赔偿　跳槽

六、阅读下文，回答问题：

"平分秋色"本指秋天的景色，白天和夜晚平均各占一半，比如八月十五中秋这一天，白天晴空万里，夜晚明月当空，都是好景色。宋代有这样几句词："今夕知何夕，秋色正平分。嫦娥此际，底事(为什么事)越样好精神。"你懂这几句词吗？"平分秋色"在课文里比喻什么？

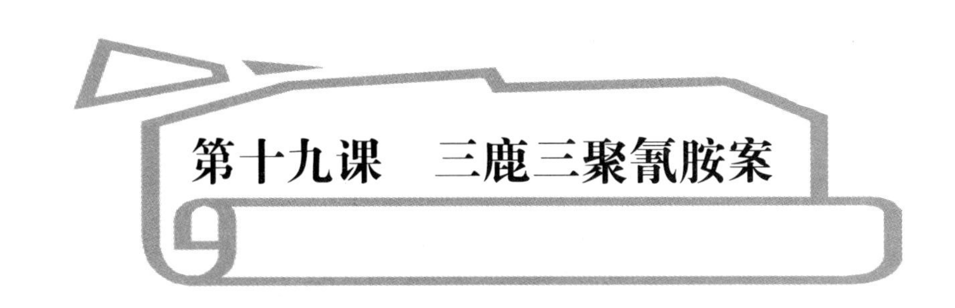

第十九课　三鹿三聚氰胺案

案 情

学　生：老师，记得三鹿奶粉事件闹得很大，在全国造成了很坏的影响。您能给我们说说这件事吗？

老　师：奶粉作为食品，特别是婴幼儿食品，当然最牵动人心。

学　生：食品安全，是一个世界性问题，一个疯牛病，就弄得全世界的人不敢吃牛肉了；再一个禽流感，搞得大家连鸡鸭也不敢吃了。老师，您说我们还能吃什么？

老　师：是啊，我们的古人说得好，民以食为天，这"天"是人类赖以生存的条件，我们人人都有责任悉心加以保护。

学　生：但是，世界上的人，并不都有这样的意识，为了满足自己无穷的生活欲望，不仅疯狂掠夺天然资源，也利用现代科技人为改变自然生态，造成全球恐慌的疯牛病和禽流感就是比较恶劣的例子。

老　师：在市场经济领域，一些不法商人，唯利是图，违背道德，不讲信誉，为了谋求暴利，不择手段。这次三鹿三聚氰胺案，居然对象是婴幼儿，真是令人发指。

学　生：上帝不会宽恕他们！

老　师：是。第一个病例在兰州发现后，陕、甘、宁、鄂、鲁、苏、皖、赣等地，也先后发现了类似病例，食用三鹿牌婴幼儿系列奶粉的婴幼儿，都出现泌尿系统感染，患肾结石疾病，以致多名婴幼儿死亡。经全国各种媒体曝光后，那些年轻的妈妈们真是人心惶惶，人人自危，各地儿童医院一时人满为患。这引起了地方和中央政府的高度重视，立即启动国家重大食品安全事故一级响应，并成立应急处置领导小组，彻底调查和妥善处理这起事件。

学　生：三鹿三聚氰胺案，究竟是怎么回事？

老　师：三鹿牌婴幼儿配方奶粉，受到三聚氰胺污染，而三聚氰胺是一种化工原料，可导致人体泌尿系统产生结石。

学　生：哦，这是食品添加剂出了问题。

老　师：现在许多食品都有添加剂，但三聚氰胺是禁止用于食品的。

学　生：那么，三鹿牌奶粉是怎么加入了三聚氰胺的呢？

老　师：这当然是人为加入的。一些不法商人，以三聚氰胺和麦芽糊精为原料，配制出一种俗称“蛋白粉”的添加剂，加进新鲜牛奶里，以提高牛奶的蛋白检测含量。牛奶含蛋白质越高，质量也越好，售价也就越高。

学　生：为了谋求暴利，他们真是丧尽了天良！

老　师：三鹿集团的乳制品生产企业，就是用这种含三聚氰胺蛋白粉生产出婴幼儿奶粉，流向了市场。

学　生：事情既然真相大白，如何弥补已经造成的伤害和挽回损失呢？

老　师：三鹿集团的乳制品生产企业，立即封存了产品，对库存产品的三聚氰胺含量进行检测，并以返货形式换回市场上含有三聚氰胺的三鹿牌婴幼儿奶粉。

学 生:“返货形式”?这能保证新上市的牛奶或奶粉,不会再有三聚氰胺吗?

老 师:你可问到点子上了。三鹿奶粉事件,发生在奶源生产、收购、销售的多个环节,许多食品安全问题的发生,往往也是这样。

学 生:所以对奶源和收购环节,也应该有所作为。

老 师:你说得很对。应急处置领导小组经过深入调查,对相关人员和不法商人也实时采取了措施。

学 生:什么措施?

老 师:对不法商人,坚决绳之以法!对相关责任人,进行政纪律处分。

学 生:什么是行政纪律处分?

老 师:噢,就是对没有构成犯罪而有过错是的行政人员,进行教育的一种方式。

学 生:比如说……

老 师:分管农业生产的副市长、畜牧水产局局长、食品药品监督管理局局长、质量技术监督局局长,都被罢了官,免去了职务。

学 生:对不法商人,是如何绳之以法的呢?

老 师:那我们就一起来看看法院庭审吧。

庭审

人民检察院代表国家向人民法院提起诉讼,分别在河北省石家庄市中级人民法院和无极县人民法院等4个基层法院开庭审理。石家庄市中级人民法院经审理查明,被告人张某等人明知三聚氰胺是化工产品、不能供人食用的情况下,仍以三聚氰胺和麦芽糊精为原料,配制出添加剂,俗称“蛋白粉”,累计生产770余吨,销售600余吨,销售金额683万余元。张某等人生产、销售的“蛋白粉”被某些奶厅

(站)经营者添加到原奶中，销售给石家庄三鹿集团股份有限公司等乳制品生产企业。被告人耿某伙同他人购买“蛋白粉”共计560公斤，将约434公斤“蛋白粉”添加到他们收购的900余吨原奶中，销售到三鹿集团公司，销售金额280余万元。被告人三鹿集团董事长田某，在明知三鹿牌婴幼儿系列奶粉中含有三聚氰胺的情况下，虽然作出了暂时封存产品，对库存产品的三聚氰胺含量进行检测以及以返货形式换回市场上含有三聚氰胺的三鹿牌婴幼儿奶粉等决定，但仍准许三聚氰胺含量10毫克／公斤以下的库产品出厂销售。经检测和审计，三鹿集团共生产含有三聚氰胺的婴幼儿奶粉904.24吨；销售含有三聚氰胺的婴幼儿奶粉813.74吨，销售金额4756万元。此外，三鹿集团还将因含有三聚氰胺而被拒收的原奶转往相关下属企业生产液态奶，生产、销售的液态奶共计269.44吨，销售金额合计181万多元。依照《中华人民共和国刑法》的有关规定，石家庄市中级人民法院作出判决：被告人张某犯以危险方法危害公共安全罪，判处死刑，剥夺政治权利终身；被告人耿某犯生产、销售有毒食品罪，判处死刑，剥夺政治权利终身，并处没收个人全部财产；被告单位石家庄三鹿集团股份有限公司犯生产、销售伪劣产品罪，判处罚金人民币4937.48万元；被告人田某犯生产、销售伪劣产品罪，判处无期徒刑，剥夺政治权利终身，并处罚金人民币2468.74万元。田某等人不服，提起上诉。河北省高级人民法院裁定，驳回三鹿集团田某等人的上诉，维持原判。

生词

1. 牵动	qiāndòng	*v.*	affect
2. 赖以生存	lài yǐ shēngcún		depend on it for survival
3. 领域	lǐngyù	*n.*	field; realm
3. 悉心	xīxīn	*a.*	take the utmost care

4. 欲望	yùwàng	*n.*	desire
5. 掠夺	lüèduó	*v.*	plunder
6. 资源	zīyuán	*n.*	resource
7. 人为	rénwéi	*a.*	man-made
8. 恐慌	kǒnghuāng	*a.*	fear
9. 恶劣	èliè	*a.*	bad; abominable; disgusting
10. 人心惶惶	rénxīn huánghuáng		panic
11. 弥补	míbǔ	*v.*	make up
12. 绳之以法	shéng zhī yǐ fǎ		bring to justice

练习

一、复述本课案情：

二、根据课文内容，回答下面的回答：

1. “食品安全，是一个世界性问题”，你对此有何看法？能举例加以说明吗？
2. 你对我们的生存环境，有什么感受？人类应该怎样保护自己的生存环境？
3. 你对我们的食品安全有过担忧吗？你是怎样保证自己的食品安全的呢？
4. “三聚氰胺”是一种什么物质？含三聚氰胺的牛奶对婴幼儿有什么危害？
5. 明知三聚氰胺不能用于食品，那些不法商人为什么还要这样做？
6. “三聚氰胺”是怎么进入婴幼儿食用牛奶的？经过了哪些环节？造成了什么后果？
7. 从法院庭审看，三鹿集团负有什么责任？董事长田某具体罪行是什么？他犯了什么罪？
8. 一种是“绳之以法”，一种是教育，两种方法有什么本质不同？都分别是对什么人的？

9. 法院审理刑事案件，分公诉和自诉两种。公诉案件，由人民检察院代表国家向人民法院提起诉讼；自诉案件，由被害人自己或其法定代理人向人民法院提起诉讼。你知道，为什么会有这两类案件吗？

三、阅读下面的内容，然后回答问题：

下面是《北京晚报》一篇编者按（引文有删节）：含有增白剂的面粉到底能不能吃？这个争议已久的问题到至今没有解决。“离了增白剂，是蒸不成馒头、擀不成面条、烙不成大饼还是炸不成油条？这是众多专家对俗称面粉增白剂的化学物质——过氧化苯甲酰（xiān）的一致质疑。根据食品安全法规定，食品添加剂应当“在技术上确有必要且经过风险评估证明安全可靠”，方可列入允许使用的范围。但在这个关系到13亿人食品安全的原则问题上，似乎还要首先征得某些利益获得者的同意。面粉增白剂存废争议的背后，是良心与利益的博弈。

1. 你知道什么食品有“食品添加剂”？能说出几种“食品添加剂”吗？
2. 你对食品加入添加剂，持什么态度？是赞成还是反对？为什么？

四、阅读下面的短文，然后回答问题：

《瞭望新闻周刊》载文：“官员为弄假文凭，让秘书替自己上课，用公款贿赂导师，希望学校让自己蒙混过关……。”于是，有些官员捞到的是“假的真文凭”，即没有相应的学业经历和知识含量的“注水文凭”，或是“真的假文凭”，即通过不正当手段办了假证。不论是“假的真文凭”还是“真的假文凭”，这事由来已久，早就是街谈巷议的热门话题。

由“注水文凭”很自然地想到了“注水猪肉”。往猪肉里注水是不法商人的勾当，他们不管消费者倒不倒胃口，什么诚信，什么职业操守，什么道德底线和礼义廉耻，全不要了，只为一件事，这就是多骗取别人的钞票鼓自己的腰包。

1. “水”也成了一种“添加剂”，洁净水对人体无害，但注入肉中，肉会变质，对人体就有害了。你听说过注水猪肉、注水牛肉吗？是否吃过？
2. 现在社会上流行“注水……”或“……注水”现象，比如：毕业文凭注水，GDP 注水，注水电视剧，票房注水，注水西瓜，注水明星，股市注水年报，等等。请说说你对这些现象的看法和对这些词的理解。

3. 你认为当今这种社会怪现象，是怎么产生的？

五、根据课文，谈谈你对这句话的理解：

古人说“王者以民为天，而民以食为天”。这“天”是指所依存或所依靠的。这句话的意思是：当官的（皇帝）要把老百姓当作自己的天（依存或依靠的对象）；而老百姓是要靠粮食（食物）才能生存的。

六、给下面加着重号的词写出正确读音，然后试着解释这些词语：

绳之以法　单纯　丧尽天良　敲响丧钟　人为加入　为人作嫁

七、课文里有些词语用法比较特殊，试指出特殊之处，并试着解释这些词语：

民以食为天　唯利是图　令人发指　绳之以法　有所作为

人人自危　人满为患

第二十课　湛江特大走私受贿系列案

案 情

记　者：陈律师，您作为湛江特大走私、行贿、受贿系列案主犯李某的辩护律师，在法庭上作了非常精彩的辩护，您提出的观点，几乎每一个都引起了法庭的重视，有的得到了法庭的认可和采纳。我想请问，您是怎么做到的？

陈律师：这没什么，我只是本着辩护律师的职责，依据刑法作了认真的准备。

记　者：这个特大系列案，被告人众多，案情重大，官商勾结，狼狈为奸。31名犯罪嫌疑人获刑，实在是触目惊心！

陈律师：是的，李某、张某等参与走私汽车车身、整车、钢材、柴油、原糖及大豆等物资，偷逃应缴税额人民币8亿余元。

记　者：如此疯狂走私，竟然没有被查获？

陈律师：李某等人通过贿赂，重金收买了海关、边防等部门及党政机关的工作人员，对他们来说，海关已经形同虚设，因此他们采取少报多进、伪报品名、不经报验直接提货以及假退运、假核销等手法，明目张胆进行走私活动，给国家税收造成巨大损失，严重影响了社会经济的发展。

记　者：这就叫自家的篱笆扎不牢，坏人才会乘虚而入。

陈律师：案发后，党中央、国务院十分重视，由中纪委牵头会同最高人民检察院、公安部、审计署、海关总署等中央国家机关，在地方相关部门配合下，迅速查处了此案。

记　者：这个系列案，是新中国成立以来走私数额最大，涉及党政机关、执法部门人员最多的严重经济犯罪案件。人民法院如何严肃执法，一时成为社会各界关注的焦点。

陈律师：由于涉案人员较多，案件依法在广州、湛江、深圳等5个市中级人民法院分别负责审判。

记　者：您是作为李某的辩护人参与了本案的诉讼活动，您认为，庭审的结果，人民会满意吗？

陈律师：根据被告人的要求，依法通知其亲友为被告人聘请了辩护律师；法庭以对事实和法律高度负责的态度进行了公开审理，控辩双方在法庭上公开举证、质证和辩论，对公诉机关的指控，或依法支持，或依法纠正。

记　者：在今天的公开庭审中，我已经注意到了这些细节。

陈律师：因此，这个系列案的审判，做到了事实清楚，证据确实充分，定性准确、量刑适当，审判程序合法，最终成功审结。

记　者：一些被告人如原湛江市委书记陈某、湛江市原副市长杨某、湛江海关原关长曹某、湛江市公安局边防分局原局长邓某等，在犯罪前都身居要职，有权有势，社会关系复杂，案发后都千方百计寻找各种关系，希望得到从轻处理，难道不会出现新的权钱交易？侦察取证和庭审难道不会受到干扰？

陈律师：我知道，这是社会各界关注的焦点。但是，在这个系列案件的审理过程中，中央早已作了精心部署，安排了精兵强将，制

定了铁的办案纪律，防患于未然。整个过程，可谓执法如山，所有犯罪嫌疑人都得到了应有的惩罚。

记　者：都是什么结果？

陈律师：广州市等5个中级人民法院今天分别对案件进行了公开宣判：以走私普通货物罪、行贿罪并罚判处李某等4名罪犯死刑，剥夺政治权利终身；以受贿罪判处曹某、朱某死刑，剥夺政治权利终身；另有陈某等人判处死刑，缓期二年执行，剥夺政治权利终身；以上各犯均并处没收个人全部财产，追缴的赃款上缴国库。其他案犯分别被判处无期徒刑或有期徒刑。

记　者：香港和内地走私分子相互勾结，走私贩私；湛江党政和海关、边防一些官员，置党纪国法于不顾，为走私分子护私、放私，甚至参与走私。这些人丢官入狱，甚至被判死刑，都是罪有应得！

陈律师：人民法院成功审判此案，有力地打击了走私犯罪的嚣张气焰；法官们公开、公正、高效地审案，充分发挥了人民法院打击经济犯罪、维护社会主义市场经济秩序的职能作用，树立了严肃执法的良好形象，人民会满意的。

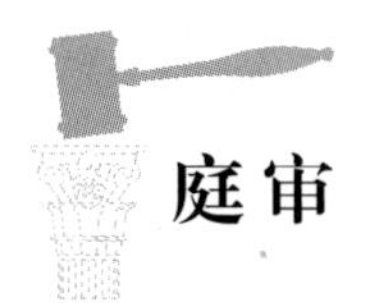

庭审

湛江人民法院对特大走私案主犯李某（香港居民）公开开庭审理，在连续三天法庭调查后，李某的辩护律师陈女士提出了几点辩护意见。第一，起诉书指控李某是四宗走私犯罪的货主证据不充分，李某只是在做走私柴油生意时借了60万美元给陈某，60万美元尚不足该批货物价值的1/10，也并非和陈某合股购货。事实上，陈某是货主，李某只是负责报关，疏通海关人员，以多报少等等行为，构成了协助走私犯罪、使走私行为得以实现的走私共犯。关于走私汽车未遂这一宗，李某等人走私汽车持续了一年多时间，走私通关即遂的有57宗，通关未遂的只有6宗。在通关即遂的57宗中，起诉书中没有哪一宗把李某当成货主，而在通关未遂的6宗中，李某每一宗都成了货主或共同货主。一样的走私方式，同样的时间，货物还是那些货物，出口报关单位和进口报关单位还是那些单位，唯一的不同就是前者通关即遂而后者通关未遂。本辩护人认为，公诉人对这两部分走私货主作出的截然不同的认定，是完全不合逻辑的。第二，关于本案走私集团的定性，单就本案6名被告人而言，即使起诉书指控的犯罪行为全部属实，李某等6被告的犯罪行为，也不能单独构成走私犯罪集团，李某在本案中所实施的犯罪行为也只能构成每一宗共同走私罪的共犯，绝不可能构成走私集团的首要分子，而走私货主所处的地位与作用和其他走私共犯是有原则区别的。第三，关于被告人李某归案后的立功表现，鉴于本案被告人李某在归案后，先后两次揭发他人犯罪行为，有可能构成重大立功表现，构成法定减轻处罚的情节，本辩护人请求法庭依法查证核实，保护被告人依法享有的权利。法庭主审法官及合议庭在充分听取了辩护律师呈词后作出了一审判决。整个案件一审宣判后，公诉机关均没有提出抗诉；绝大多数被告人服判，极少数被告人上诉，也均被二审法院驳回。

生词

1. 走私	zǒu sī		smuggle
2. 行贿	xíng huì		bribe
3. 受贿	shòu huì		accept bribes
4. 勾结	gōujié	*v.*	collude
5. 触目惊心	chù mù jīng xīn		shocking; startling
6. 乘虚而入	chéng xū ér rù		get in through the crack
7. 牵头	qiān tóu		take the lead

8. 指控	zhǐkòng	*v.*	charge; accuse
9. 部署	bùshǔ	*v.*	deploy
10. 没收	mòshōu	*v.*	confiscate
11. 赃款	zāngkuǎn	*n.*	ill-gotten money
12. 嚣张气焰	xiāozhāng qìyàn		arrogance
13. 疏通	shūtōng	*v.*	mediate; unclog

练习

一、复述本课案情：

二、根据课文内容，回答下面的问题：

1. 为什么说，课文中讲述的案子是特大走私受贿系列案？
2. 湛江这个特大走私受贿系列案，产生了怎样的后果？
3. 湛江这个案子，在社会上引起了怎样的反响？
4. 不法商人的走私行为，为什么会得逞？
5. 社会各界为什么关注湛江案会不会受到干扰？
6. 中央为什么如此高度重视湛江案件？采取了什么措施？
7. 为什么说司法机关“公开、公正、高效地”审结了湛江案？
8. 课文中的记者说“在今天的公开庭审中，我已经注意到了这些细节”，他都注意到了哪些“细节”？
9. 你对犯罪嫌疑人李某的辩护律师陈先生在法庭上的辩护，有什么看法？
10. 走私、行贿、受贿，也是一个世界性问题，你对此有什么看法？

三、模仿庭审，分角色展开辩论：

法官　公诉人　辩护律师

四、根据课文，回答问题：

1. 陈律师为什么认为公诉方关于汽车走私一事的指控完全不合逻辑？
2. 在陈律师看来，关于汽车走私一事，怎样陈述才是合乎逻辑的？
3. 结合课文或社会生活，谈谈下面一些句子表达的意思，是否合乎逻辑？

a. 好人有好报，恶人有恶报，不是不报，时候未到。

b. 自家的篱笆扎不牢，坏人才会乘虚而入。

c. 风险越大，利润也越大。

d. 我恨他，因为我爱他。

e. 财大气粗。

f. 他说了一大堆正确的废话。

五、根据下文，回答问题：

旧时传说，狼狈是两种很相像的动物，但狼前腿长后腿短；狈前腿短后腿长。狼与狈同时出行干坏事时，常常一条狼和一条狈相互驾起来为一体，用两条长腿着地，这样就可以跑得很快。后来就用"狼狈"来形容处境困难、窘迫的情形；用"狼狈为奸"形容互相勾结，一起干坏事。请你谈谈课文中的"狼狈为奸"是形容什么人的什么行为？

六、阅读下面的成语、俗语故事，然后回答问题：

1. 明目张胆

① 秦朝末年农民起义领袖陈胜总是双目圆睁，大胆勇猛，不畏生死，与敌人拼，为天下人除害。

② 晋朝人有个高官叫王导(276—339)，他说，我虽然无将帅之才，但为了国家安宁，面对权贵，我无所畏惧，公开大胆地做一回六军主帅，宁做忠臣而死，不做小人而苟活。

③ 到宋代，有这样的话：在众大臣中，有背叛忤逆、公然大着胆子干坏事的人。

这三段话，对成语“明目张胆”的解释，古今词义有明显变化，有什么不同？现在最常用的是哪一个意思？课文中是用的哪一个意思？是指的什么行为？为什么说那是“明目张胆”的行为？

2. 防患于未然

中国古代有这样的话：“君子以思患而豫(预)防之”；“臣闻防患于未然者易，除患于已然者难。”“患”，祸害。“然”，这样。前面两句话的意思是：“君子经常不忘(想到)祸害而预防祸害发生。”“我听说防止还没有发生的祸害容易，要消除已经发生的祸害就难了。”

课文里所说的“防患于未闻然”的“患”所指是什么事？

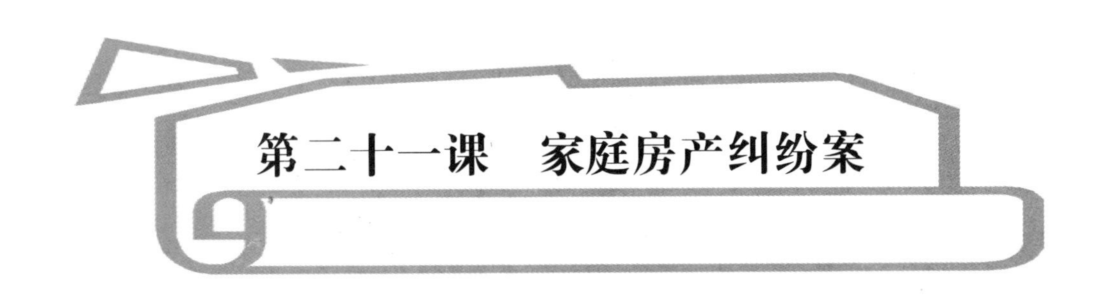

第二十一课　家庭房产纠纷案

案情

记　者：陈先生，听说您把您的亲生女儿告上了法庭，为什么？

陈先生：这也是没有办法呀。哪个做父母的这么绝情，愿意同自己的骨肉对簿公堂呀？

记　者：那是为什么呢？

陈先生：房子，都是房子闹的。我的女儿，把我们住的新房子偷偷卖了，我们老两口没地儿住了呀！

记　者：她为什么要卖你们的新房子呢？

陈先生：我女儿职业高中毕业后，一直没有稳定的工作和收入，可办了几十张银行卡，花钱大手大脚，一次次透支，银行追上门来讨债，如果不还钱，就要查封、拍卖我们的房子，还要她承担恶意透支的法律责任。

记　者：那你们老两口能帮她还清银行的欠款吗？

陈先生：我们是普通市民，一家四口原本挤在一个40多平方米的房

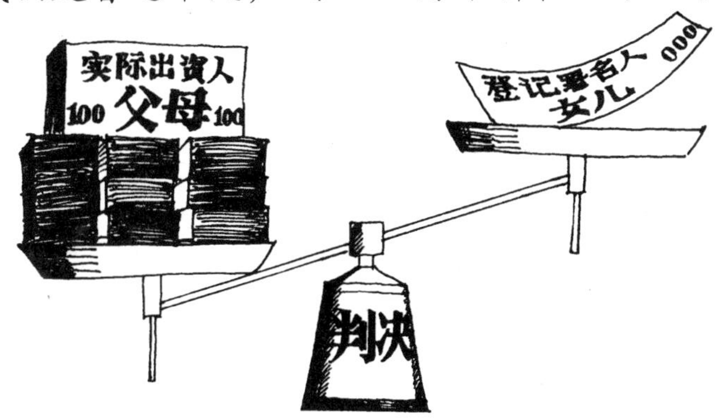

子里，后来东挪西借，好不容易在远郊区买了一套130平方米的房子，现在还欠着银行的贷款和朋友的钱呢，我们哪有钱去帮她还银行欠款。

记　者：可你们二老肯定不忍心眼看着你们的女儿吃官司吧？

陈先生：谁说不是呢。我们老两口合计着，唯一的办法，是赶快还清我们买房时的贷款，从银行拿回房产证，把房子过户到自己名下。

记　者：我不明白，房子为什么还要过户到你们的名下？

陈先生：当初买房时，我们老两口都是奔五十的人了，获得贷款的年限很短，但买房子需要贷款30万，还贷压力很大。为了得到更长的按揭贷款，就让当时才满21岁的女儿同开发商签订了购房合同，用女儿的名义向银行贷了款。

记　者：这是一个好办法嘛！

陈先生：可麻烦也来了呀！现在银行要拍卖这房子清偿女儿的债务呀！

记　者：啊，我明白了，所以您二老要急着把房子过户到你们的名下。

陈先生：可是还债的钱呢？好在我们那间40平方米的旧房还在，我们决定把它卖了。

记　者：当初，您二老买新房时，那么缺钱，怎么没有把旧房卖了呢？

陈先生：哪敢卖呀。闺女小，又没多大本事，将来结婚，还需要房子。心想到那一天，把大房子给她，我们老两口还能搬回去住不是？

记　者：你们想得真远，还为女儿的将来操心。

陈先生：好在现在房价涨了，我那旧房子卖了34万，还了银行贷款。当初，借了朋友徐先生5万，把剩下的4万还给他，也就只欠他1万块了。

记　者：啊，您二老真不容易！

陈先生：是啊。好在事情解决了。我同女儿说好，一起去银行取回房产证，然后去办过户手续。

记　者：现在怎么又为房子的事，跟女儿闹上法庭了呢？

陈先生：谁知那天，她没去银行，却偷偷从银行把房产证取走，把房子卖给了她的干妈张某，张某又倒卖给了别人。

记　者：是为了清偿她的银行透支款吗？

陈先生：是。不久，买房人就找上门来看房子，她干妈还把我们告上法庭，要我们立即腾房。

记　者：哦，事情发生得这么突然！

陈先生：晴天霹雳啊！我们把女儿关在家里，不许她出门，要她把房子的事情说清楚。女儿竟然拨打110报警，说我们非法拘禁了她！

记　者：这孩子怎么这样？

陈先生：孩子给我们写了一张卖房的情况说明，我们就放她出去了。我们没有办法，只好去找律师。要保住我的房子啊！不然，旧房、新房都没了，我们老两口，就要流落街头了。

记　者：常律师，听说您接手了陈先生的官司，您能为他们保住房子吗？

常律师：根据我国的物权法，不动产的权属采取登记制度。陈先生的新房，是她女儿与开发商签订的购房合同，也是她女儿向银行贷的款，产权证上也是他女儿的名字，所以房子的产权就是她女儿的，他女儿有权处置这套房子。

记　者：这么说，要打官司，陈先生是必败无疑了。

常律师：我的许多同事也认为这是个死案，不能接手。

记　者：如果老两口的房子保不住，真的流落街头，可就惨了。

常律师：不过，事情也可能有意外。我经过仔细研究，还是接了这个案子。

记　者：这太好了！至少也给二位老人一点希望。

常律师：我让陈先生去请求他的朋友徐先生，向法院起诉他欠债不还。

记　者：这是为什么？让徐先生去告陈先生？

常律师：你看看陈先生案子的庭审，你就会明白我为什么要这样做了。

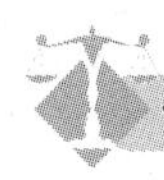

庭审

陈先生诉女儿私自卖房案，在某法院一审开庭。常律师呈诉说：本律师认为，本案不能拘泥于房产登记在谁的名下，应该实事求是，谁是涉案房产的实际出资人才是本案的关键。陈先生的女儿在庭上，竟说她是实际出资人，父母一分钱也没出。常律师辩驳说，陈小姐刚工作，且不稳定，她的劳动合同上载明月工资是2300元，还有很多银行借贷，她根本不可能有钱买房，这是显而易见的常识，陈小姐也没有拿出任何证明她是买房出资人。接着，常律师当庭出示了一系列证据，包括徐先生起诉陈先生欠钱未还的法庭判决书、陈先生买房合同、首付款票据、每次偿还贷款的银行凭证、陈小姐写的卖房情况说明。这些证据组成了一个完整的证据链，证明陈先生才是涉案房产的真正出资人。另外，我国物权法保护善意第三人的交易权，但陈小姐的干妈张某，熟悉陈家的情况，明知陈小姐是背着她父母私自卖房，而且在管理部门登记的合同价只有47万，实际只付给陈小姐30万，这明显低于市场价；然后，张某又急于转手倒卖，显然是为了非法获取差价。可见，张某不是善意第三人，她与陈小姐的交易是无效的。法庭完全采信了常律师的呈诉，一审判决支持实际出资人陈先生夫妇，因而享有涉案房屋的所有权。

生词

1. 绝情	juéqíng	*a.*	heartless; cruel
2. 骨肉	gǔròu	*n.*	flesh and blood; child
3. 对簿公堂	duìbù gōngtáng		face court action
4. 稳定	wěndìng	*a.*	stable
5. 大手大脚	dà shǒu dà jiǎo		wasteful

6. 讨债	tǎo zài		debt collection
7. 东挪西借	dōng nuó xī jiè		borrow all around
8. 操心	cāo xīn		worry
9. 腾房	téng fáng		vacate; clear out of the apartment
10. 晴天霹雳	qíngtiān pīlì		bolt from the blue
11. 拘禁	jūjìn	*v.*	detain
12. 流落街头	liúluò jiētóu		living on the streets
13. 权属	quánshǔ		ownership
14. 拘泥	jūnì	*v.*	rigidly adhere to
15. 证据链	zhèngjùliàn	*n.*	chain of evidence

练习

一、复述本课案情：

二、根据课文内容，回答下面的问题：

1. 陈先生为什么把他的亲生女儿告上了法庭？
2. 陈先生的女儿是个怎样的女孩？她为什么要偷偷卖掉父母的房子？
3. 陈先生一家的生活状况如何？
4. 陈先生为什么要在远郊买房？远郊和市区的生活条件和房价有什么区别？
5. 陈先生是怎样买到远郊的新房的？
6. 陈小姐如果不能及时还清银行的欠款，会有什么后果？
7. 陈先生买新房时，为什么没有把旧房卖了？
8. 陈先生在什么情况下去找了律师？
9. 常律师的许多同事为什么说这是个死案，劝他不要接手？
10. 在法院开庭前，常律师都取得了哪些证据？这些证据都是为了证明什么？这些证据是否有力而充足？
11. 庭审是有两个焦点问题，分别是什么？

三、阅读下面的案例，然后回答问题：

孙先生，78岁，退伍军人，有四个女儿，一套100多平方米的住房。孙先生得了一场重病后，他的两个女儿亲自从家政公司请来保姆张某。张某40多岁，下岗工人，一直没有结婚。在这之前，孙家也请过几个保姆，没干多久就被辞退了。张某勤劳能干，善解人意，照顾孙先生仔细周到，很快就赢得孙家的好感和信任。半年后，孙先生请求保姆张某同她结婚。张某想到他的四个女儿，就一口回绝了。孙先生的四个女儿得知老父亲想同保姆结婚的事，立即表示坚决反对，并猜忌是保姆冲着她们父亲的家产来的。张某因此毅然决然地离开了孙家。后来张某两次被孙先生的四个女儿请回去，又两次被这四个女儿赶出家门。在这过程中，孙先生同张某过起了实际的夫妻生活，随后，二人去一家律师事务所，孙先生通过律师见证，立了一份见证协议，把所住房屋赠与张某。就在这份见证协议签订不久，张某再次被四个女儿赶出了孙家。三年之后，孙先生过世了。张某将孙先生的四个女儿告上法庭，要求确认孙先生给她的那份协议有效。谁知在法庭上，孙先生的女儿出示了一份经过公证机关公证过的孙先生的遗嘱，把房产过户给自己的一个外孙，而这份遗嘱订立的时间在给张某的协议之后。张某因此在法庭上处于非常尴尬和不利的地位。

1. 孙先生的女儿为什么阻止孙先生与张某结婚？
2. 孙先生为什么先要订立一份见证协议？为什么后来又立一份公证遗嘱？
3. 法庭会怎样审理这个房产纠纷案？结果会怎么样？
4. 你对这个案子有什么看法和感想？

四、中国有一部电视连续剧叫《可怜天下父母心》，这句话至今非常流行，生活中处处都能见证这类事。请你结合课文内容和你在生活中的感受，谈谈对这句话的理解。

五、“月光族”、“啃老族”、“富二代”、“负翁”、“负姐”、“卡奴”、“房奴”、“蚁族”等等，是当今的流行语。请你讲一讲，这些词分别都指什么样的人？你的周围有这类人吗？请你结合课文谈谈你对这类人的看法？

第二十二课　侵犯商业秘密案

案情

记　者：何先生，您原来是正洋公司的法人，现在作为正洋公司的代理，上诉福民公司侵犯商业秘密，我想采访一下这个案子，能占用您一点时间吗？

何先生：可以。你大概知道，我们两家公司都是经营蔬菜的公司，都有进出口经营权。

记　者：是，我知道。你们公司同德国、意大利、荷兰、美国等100余家客户有脱水蔬菜销售业务，在国际上有相当的知名度。你们同福民公司的纠纷是怎么产生的呢？

何先生：说来话长，你得有耐心。

记　者：您就从头说起吧。

何先生：我们公司先后聘用了两名员工，马某和刘某，作为公司单证科业务员，从事出口货物制单和储运工作。

记　者：具体工作是什么？

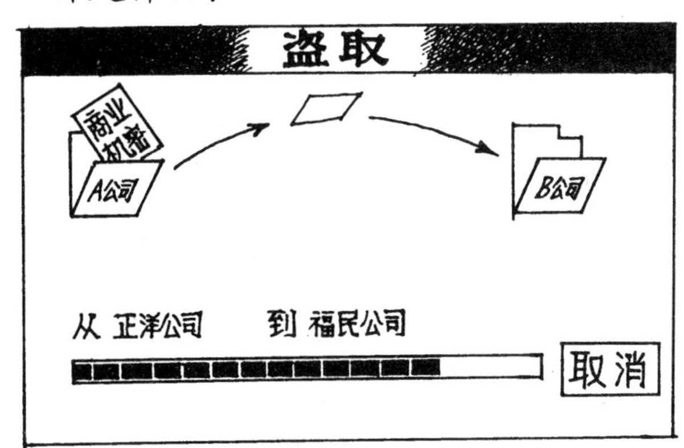

何先生：具体业务是审核信用证，制作出口货物商检局报检、海关报关等单证，按照外销合同编制发票、装箱单，核对提单，联系出口货物运输，向银行交单结汇等。

记　者：噢，公司很重要的业务，公司这样信任他们，他们一定很敬业吧？

何先生：在将近一年的时间里，他们经办了公司与国外客户的不少业务。

记　者：那么，后来发生了什么事呢？

何先生：马某没有同公司办理解除劳动合同等辞职手续，便离开了公司。五个月后，刘某也向公司提出辞职申请，离开了公司。

记　者：为什么？

何先生：详情我们不知道，但没两个月，马某应聘到福民公司，从事同他在我们公司一样的工作。

记　者：据我所知，这是不允许的。你们在签订劳动合同时，没有竞业禁止的合理期限这方面的制约吗？

何先生：没有，这是我们没有经验，疏忽了。

记　者：哦，这可能要给你们带来麻烦了。

何先生：按照国内外商场的经验，是这样，尤其是遇到缺少诚信的人。

记　者：商业秘密被泄漏，几乎就是必然的了，因此引发了你们现在的这场官司？

何先生：是。一天晚上，马某到公司刘某的办公室，趁其不在，拷贝了公司对外销售业务人员与国外客户联系业务时积累的客户信息和销售经营信息的电子邮件，当时还复印了国外客户与公司的传真函件两张。

记　者：哦，他怎么做这种事？

何先生：马某回到福民公司后，以我们公司电子邮件的格式、交易方法等客户经营信息内容为参照，用福民公司的产品名称、数量、库存商品最低成本价等信息制作成“模式化”(即固定邮件格式)的电子邮件。

记　者:这是典型的移花接木啊!

何先生:几天后,马某向刘某要去了记载我们公司客户信息资料的笔记本,复印了笔记本的全部内容,正反面共59页。马某在福民公司按照笔记本上记载的100多家国外客户的联系人及联系地址,发送了福民公司销售脱水蔬菜的电子邮件。

记　者:这样一来,你们公司的全部客户信息,都成了福民公司的了,你们公司的客户可能将部分或全部失去?

何先生:马某收到国外客户的回复后,按照我们公司电子邮件中的交易方法、价格谈判方式,与国外客户就福民公司的货物进行交易。此后,福民公司陆续与国外一些客户取得联系,并成交了出口脱水蔬菜的业务。

记　者:难道你们在同马某签订劳动合同时,没有签订保密协议吗?

何先生:当然签了。保密协议约定公司商业秘密的内容为对外签订的各种经济合同和协议的内容格式、生产销售采购管理的工作方案和计划、公司的客户档案资料(包括信用证、提单、发票等公司业务中的所有资料)及凡是能为公司带来经济利益、具有实用性且要求保密的所有技术信息和经营信息、管理信息。

记　者:看来,内容很全面,很具体。马某、刘某这样做,应该知道是违约和违法的。

何先生:他们当然知道,但是抗拒不了巨大的利益诱惑。

记　者:什么诱惑?

何先生:福民公司承诺,每做成一笔,公司按货物的离岸价1.5%给他们提成。

记　者:这是一个什么概念呢?

何先生:从马某、刘某到福民公司至今,福民公司利用非法获取的我公司的客户经营信息,先后与意大利、德国、荷兰等国外8家客户成交出口脱水蔬菜业务38笔，共计323.957吨，获得销售收入761089.4美元。在短短几个月内，马某、刘某就从公司获得不菲的提成。

记　者：那么，你们公司的损失肯定不小。

何先生：是。我们只好求助法律，制止这种利用商业秘密，侵害他人权益的事。

记　者：你们采取的什么维权措施？

何先生：我们向公安部门报了警。公安机关立案侦查，搜查了马某、刘某在福民公司的办公室，获得大量物证，其中包括马某从我们公司窃取的电子邮件打印件、传真复印件、刘某笔记本复印件以及福民公司与国外客户(包括涉案8家客户)往来的电子邮件等等。

记　者：以事实为依据，以法律为准绳，你们的官司，必胜无疑！

庭审

人民法院在一审、二审之后，开庭重审，正洋公司和福民公司的委托人均到庭，马某、刘某经本院传票合法传唤，无正当理由拒不到庭，法院依法缺席审理。经过法庭调查和辩论，法庭经审理查明：原审法院查明的事实基本属实。法庭认为，马某以窃取、复制的不正当手段，获取了正洋公司的客户经营信息，并为福民公司与国外客户联系出口脱水蔬菜销售业务。刘某将持有的客户资料笔记本交给马某复制，泄露了正洋公司的客户信息。马某、刘某共同在福民公司的经营活动中披露、使用以不正当手段取得的客户经营信息，使福民公司与正洋公司客户信息中的8家国外客户成交38笔出口业务，二人的行为侵犯了正洋公司的商业秘密。而福民公司在聘用马某、刘某二人时，知道二人原是正洋公司的业务员，应当知道二人在联系出口销售业务时，使用的是正洋公司的客户信息，主观上具有过错，客观上披露、使用了正洋公司的商业秘密，获取了经济利益。因此，福民公司的行为侵犯了正洋公司的商业秘密。福民公司的侵权行为，不仅造成正洋公司直接经济损失，而且导致正洋公司市场份额被挤占，商业秘密贬值，企业竞争优势减少，福民公司应当承担相应的赔偿责任。依据《中华人民共和国反不正当竞争法》和《中华人民共和国民事诉讼法》，判决如下：一、福民公司不得公开披露、扩散正洋公司的客户经营信息；二、福民公司自本判决送达后十五日内，赔偿正洋公司经济损失934834元。逾期支付，依法加倍支付迟延履行期间的债务利息。本判决为终审判决。

生词

1. 侵犯	qīnfàn	*v.*	violate
2. 脱水	tuō shuǐ		dehydrate
3. 知名度	zhīmíngdù	*n.*	popularity
4. 耐心	nàixīn	*a.*	patient
5. 敬业	jìngyè	*a.*	dedicated
6. 经办	jīngbàn	*v.*	handle
7. 竞业禁止	jìngyè jìnzhǐ		prohibition of business strife
8. 期限	qīxiàn	*n.*	period
9. 制约	zhìyuē	*v.*	constrain; restrict
10. 积累	jīlěi	*v.*	accumulate
11. 不菲	bùfěi	*a.*	not a small sum
12. 窃取	qièqǔ	*v.*	steal
13. 贬值	biǎnzhí	*v.*	depreciate
14. 扩散	kuòsàn	*v.*	spread; diffuse
15. 逾期	yú qī		exceed the time limit; be overdue

练习

一、复述本课案情：

二、根据课文内容，回答下面的问题：

1. 正洋公司是一家什么公司？谈谈公司的业务范围、客户和公司业绩。
2. 马某和刘某，是正洋公司的单证科业务员，二人的具体工作是什么？
3. 什么是正洋公司的商业秘密？商业公司为什么必须保守自己的商业秘密？
4. 什么是“竞业禁止的合理期限”？公司的劳动合同为什么要有“竞业禁止的合理期限”的条款？如果没有，会有什么后果？
5. 马某、刘某跳槽后，都做了什么？为什么要那样做？
6. 在法庭的终审判决书中，为什么没有关于马某、刘某的判词？二人会被追究法律责任吗？什么责任？
7. 在本案泄密事件中，为什么说福民公司“主观上具有过错”？在客观上，“泄密事件”给福民公司带来什么结果？
8. 从本案看，作为公司的一名员工，最起码的职业道德是什么？为什么必须具备这样的职业道德？

三、阅读下面的成语、俗语故事，然后回答问题：

移花接木：《二刻拍案惊奇》有一篇《同窗友认假作真，女秀才移花接木》，故事说，闻小姐女扮男妆，与魏某、杜某是同学，魏某、杜某一直以为她是个男儿身；慢慢地，闻小姐暗恋上杜某，却由父母做主同魏某订了婚。女扮男妆的闻小姐，在一家客店，被富家小姐相中，向闻小姐托媒提亲，闻小姐不能说破真相，答应了婚事，实是为杜某成就这个姻缘，以弥补自己心中的遗憾。“移花接木”，本指把一种花木嫁接到另一种树上，后来用以比喻巧施手段，改变内容，或更换人和事。本课课文所说“移花接木”，是指什么事？

四、“说来话长”，是一句常用口语，请从下面选择一个语意比较完整的答案：

1. 我说的话太长，你有耐心听吗？
2. 我说话的句子太长，一口气说不完。
3. 事情太复杂，说的话是长长的一大篇。
4. 说起来话很多，一时半会儿说不清，三言两语道不明。

五、选择适当的词填空：

利益　　权力　　权利　　权益

选择什么职业，是每一个人的______和自由。每一个单位，单位有单位的______，员工有员工的______。单位不能只为自己的______而滥用______，员工也不能为了一己的______，不顾纪律和法律，任性而为，损害单位的______。

第二十三课　中美知识产权第一案

案情

记　者：您是通领科技集团的董事长，用了三年时间，在美国本土利用美国法律打赢了一场非同凡响的官司。据说您在得知这一消息时哭了，您一定有许多话想对大家说。

陈先生：是。可以说百感交集！我们是一家民营小企业，对手是美国500强莱伏顿公司，美国电器行业的龙头老大。我们经过3年零11天，花费300多万美元，才最终赢得了这场官司。

记　者：啊，这真是一场以小搏大，耗费了巨大人力、物力、时间和精力的战争！

陈先生：但是我觉得值。我们向全世界显示了我们的自主创新能力，保持了我们的领先优势，维护了我们的知识产权。

记　者：您让我们感到骄傲！

陈先生：哦，不。当我们得到莱伏顿公司同时起诉我们在美国的四家经销商的消息时，我也曾感到非常的愤怒，同时也很恐惧。

记　者：为什么？就因为他是美国电器行业的龙头老大？

陈先生：你知道，GFCI是一种防漏电保护插

座，是美国强制推行的一种带安全保护的电源产品，它的年销售额达到了30亿美元，在过去的20多年里，一直由美国四家企业垄断市场，而莱伏顿公司占据了60%的市场份额。

记　者：所以，卧榻之侧岂容他人鼾睡！

陈先生：正是这样，从上世纪中叶到本世纪初，有39家国外企业进入了美国GFCI市场。结果这39家企业全部被美国的500强公司莱伏顿电器公司以侵犯其专利为由上诉法庭，最后都是以被告要求和解而退出美国市场。

记　者：您也对他们造成了威胁？

陈先生：从2004年的一月份开始，我们的GFCI产品进入了美国市场。由于我们产品的性价比高，三个月就占领了美国38个州的主流市场，而且销量直线上升，出现了供不应求的局面。

记　者：我不明白，莱伏顿公司为什么没有起诉你们生产厂家，而是起诉你们在美国的经销商呢？

陈先生：莱伏顿是打官司的老手，他们十分熟悉美国法律。第一，他们同时在四个不同的地方法院起诉，他要付出四倍的诉讼费用。作为一个百年老店，莱伏顿有雄厚的资本不在乎巨额的诉讼费用。

记　者：真是财大气粗！

陈先生：不仅如此，他们送一张诉讼书就动用了7个大牌律师亲自从纽约跑到新墨西哥州，不惜工本，可见一斑！他们这样做，当然是要我们付出更加巨大的应诉费用。他们认为，中国的企业难以承受，何况我们这样的民营小企业。

记　者：那第二呢？

陈先生：第二，不让美国的经销商再继续销售我们集团的产品，这等于把中国的产品从根子上切断。釜底抽薪，绝不让中国产品进入美国。

记　者：真是来势汹汹，咄咄逼人啊，这一招够狠的！

陈先生：摆在我们面前只有两个选择，是退缩还是应战？两个选择，都非常痛苦。我们的董事会开了三天三夜，最后我们统一了认识，选择应战，置之死地而后生！

记　者：那么，你们有胜诉的把握吗？

陈先生：有。我们坚信，我们研发出的以永磁式技术为核心的GFCI产品，有独立的自主创新知识产权，没有侵犯莱伏顿公司GFCI产品知识产权。

记　者：那么，你们怎么应战？

陈先生：事实上，我们在产品设计成功以后，就将产品送到了美国两家律师事务所，要律师把我们的产品针对莱伏顿的专利，做非侵权的司法分析。两家美国律师事务所作出了相同的结论，我们生产的GFCI产品，不侵权美国莱伏顿公司的专利。

记　者：这个文件有价值吗？

陈先生：当然！我们把这两份非侵权的法律文书，给了我们的经销商，提高了美国经销商对销售我们这个产品的信心。

记　者：所以经销商也很卖力气，你们的产品很快就在美国打开了市场。

陈先生：是的。我们又先后在国内申请了十几项国家发明专利，并在美国申请到了3项专利。

记　者：你们这是未雨绸缪，有备无患啊！

陈先生：我们既然决定应战，就横下一条心同莱伏顿周旋到底，哪怕倾家荡产！

记　者：你们勇于应诉的精神，实在可嘉，令人钦佩！

陈先生：整个过程，可谓一波三折！

记　者：但是，中美知识产权第一案最终实现了大逆转，以我方完胜而告终！

陈先生：是。然而，树欲静而风不止，莱伏顿公司不会就此善罢甘休。

庭审

美国新墨西哥州联邦分区法院下达判决书，判定通领公司制造销往美国的GFCI产品，不侵犯莱伏顿公司的专利；随后，美国帕西西姆公司又以专利侵权为由，将通领集团等4家中国企业诉至美国联邦国际贸易委员会，对来自中国的GFCI产品进行专利侵权的“337”调查；同时向美国纽约联邦北部分区法院提起了专利侵权诉讼，美国联邦国际贸易委员会裁定，通领集团侵犯帕西西姆公司的专利，并向美国海关下达了有限禁止令，禁止通领集团等中国制造商生产的涉案产品通过美国海关进口。中国通领公司被迫向美国联邦巡回法院起诉美国联邦国际贸易委员会，美国联邦巡回法院驳回了美国联邦国际贸易委员会“337”调查指控中国通领集团侵权的错误裁决。

生词

1. 本土	běntǔ	*n.*	native country; mainland
2. 非同凡响	fēi tóng fánxiǎng		exceptional; extraordinary
3. 百感交集	bǎi gǎn jiāojí		have mixed feelings
4. 龙头老大	lóngtóu lǎodà		magnate; big shot
5. 以小搏大	yǐ xiǎo bó dà		the small winning over the big
6. 耗费	hàofèi	*v.*	spend; consume
7. 威胁	wēixié	*v.*	threat
8. 性价比	xìngjiàbǐ	*n.*	cost performance; price ratio
9. 主流	zhǔliú	*n.*	main stream
10. 一斑	yìbān	*n.*	one spot
11. 来势汹汹	láishì xiōngxiōng		bear down menacingly
12. 咄咄逼人	duōduō bī rén		aggressive; overbearing

13. 退缩	tuìsuō	*v.*	hang back; flinch
14. 周旋	zhōuxuán	*v.*	struggle with
15. 倾家荡产	qīng jiā dàng chǎn		ruin one's entire fortune

练习

一、复述本课案情：

二、根据课文内容，回答下面的问题：

1. 本案为什么产品而争讼？这是一个什么性质的案件？
2. 通领科技集团的董事长陈先生说他听到胜诉的消息时“百感交集”，说说这句话的具体含义？
3. 为什么说，通领科技集团与莱伏顿公司的对决，是“以小搏大”？
4. 莱伏顿公司为什么不允许任何外国公司打破他们的产品对美国市场的垄断？
5. 为什么说，莱伏顿公司起诉通领科技集团“来势汹汹，咄咄逼人”？
6. 莱伏顿公司为什么没有起诉生产厂家，而是起诉美国的经销商？
7. 通领科技集团为什么在两种选择中选择了应诉？人的一生中常会遇到两难选择（哪一种选择都困难、都痛苦），你有过这种经历吗？你是怎么选择的？
8. 通领科技集团为什么会最终胜诉？
9. 这场官司，耗时3年零11天，花费300多万美元，可通领科技集团的董事长陈先生说“值得”，他为什么要这样说？
10. 为什么说这个案子的整个过程，一波三折？你对美国的法律和诉讼有什么了解吗？

三、阅读下面的短文，然后回答问题：

中国机电进出口商会副会长王先生说，近年来，知识产权纠纷逐渐增多，仅从2006年到2010年，美国对全球发起的337调查案件中，涉及中国内地企业的案件就有52起，他希望中国企业能够像通领集团这样通过法律途径保护自身权益。通领集团董事长陈先生认为，我国企业应提高自主创新能力，不断提升自主知识产权产出能力，使企业在行业中保持领先优势。他向新闻界呼吁，鉴于目前的迫切形势，急需我国政府制定反制约的机制和对策，反对国际贸易保护主义，遏制国外企业恶意起诉中国企业，为民族工业依法撑起知识产权的保护伞。

1. 什么是国际贸易保护主义？什么是贸易壁垒？

2. 国际贸易保护主义，对国际贸易会产生怎样的影响？

四、阅读下面的成语、俗语故事，然后回答问题：

1. “卧榻之侧岂容他人鼾睡”，“卧榻”，睡觉的地方，如今天的床；“鼾”，睡觉时打呼噜。著名文字学家徐铉，有学问，善于言谈，最早在南唐做官，南唐都城在金陵（现在的南京），地处江南。徐铉后来归附了北宋。北宋要出兵南唐，徐铉上书请求不要出兵，絮絮叨叨数千言。北宋皇帝说：“你不要多说了，江南那块地方有什么罪？但如今天下已经成了一家，我的床边岂能再容忍别人打着呼噜睡觉？”徐铉一句话也说不出来。课文中，“卧榻之侧岂容他人鼾睡”是什么意思？

2. 置之死地而后生：中国古代最著名的军事书籍《孙子兵法》说：“投之亡地然后存，陷之死地而后生。”这意思是说，把军队投放在不拼死奋战就只有死亡、没有任何退路的绝境，军士们才可能最终取得胜利而生存下来。课文里通领集团董事会所说的“置之死地而后生”是什么意思？

3. “树欲静而风不止”：孔子在路上遇到的一个人，那人哭得正伤心，孔子问他为什么这样，他说的话中有这样几句：“树欲静而风不停，子欲养而亲不待也。往而不可追者，年也；去而不可见者，亲也。”意思是说，树想静止不动，可风吹个不停；做儿女的想孝敬父母，可父母已经不在人世了。过去了的岁月不会再回来，已经过世的父母再也见不到了！

(1) 你对上面的一段话有什么感想？

(2) 课文中，只用了“树欲静而风不止”一句，只讲了一种自然现象，但在课文中,“树欲静而风不止”要表达的是什么意思?

4. “未雨绸缪(chóumóu,缠绵、缠绕)”:中国最早的诗歌总集《诗经》里有这样几句诗,“迨(dài,趁)天之未阴雨,彻(剥裂)彼桑土(桑树根),绸缪牖(yǒu,窗户)户。”意思是趁着天没变阴,还没下雨,赶快剥下那桑树根的皮,把门窗缠绕、捆绑牢固。后来用“未雨绸缪”比喻事先做好防备突发事件。在课文里,“未雨绸缪”指的是什么事?为什么是“未雨绸缪”?

5. “釜(fǔ)底抽薪”:“釜”,古代煮食物的锅。旧时有一句话,叫“抽薪止沸,斩草除根”,意思是水烧开了,想让它不再沸腾,就把柴火撤了;想把地里的草除干净,就要连根一起拔掉。“釜底抽薪”和“斩草除根”意思相近,两个词都常用来比喻从根本上解决问题。在课文里,“釜底抽薪”是指什么事?为什么说那是“釜底抽薪”?

第二十四课　计算机游戏软件著作权纠纷案

案情

学生：老师，您玩网络游戏吗？

老师：我很忙，没有时间。

学生：真遗憾，那是一种很好的消遣和娱乐，还可以开发智力。

老师：我知道，你们都是网迷，你们可要小心别患上网瘾。

学生：不会的，我们都是成人，有自制能力。

老师：你们都玩什么游戏呀？

学生：当然是最刺激的，比如《楚汉争霸》、《战国群雄》、《魔域英雄传》、《魔法门》、《三十六计》、《创世纪英雄》、《绝代英雄》……那可多啦！

老师：哦，这些网络游戏，我也知道，现在正打官司呢。

学生：怎么回事？老师给我们说说。

老师：你们说的这些游戏软件，都是福建福州外星电脑科技有限公司开发的，他们一共开发了十种游戏软件，有国家版权局发的《计算机软件著作权登记证书》。现在，他们的十种正版软件，在全国各地都有发行销售。

学生：我们知道。他们同谁打官司？

老师：香港居民翁某、叶某，福州环球电器商行和新疆利军电器商行。

学生：他们都干了什么？

老师：翁某、叶某成立了振华公司，但这个公司，并未注册登记，实际上并不存在，是一个虚假公司。但是，他们以这个公司的名义生产、销售上述游戏软件的盗版卡带，并将这些游戏软件更改了名字。

学生：这些软件的名字，是不是叫《刘邦传记》、《战国历史志》、《丝绸之路》、《凯旋门》、《财神到》、《快乐英雄》、《英雄无悔》？

老师：你们怎么知道得这么清楚？

学生：这些游戏软件，除了制作单位和游戏名称不同外，游戏里面的程序设计、美术画面，游戏中的场景、人物、音乐、音效等，与正版卡带完全一样，我们还以为是新开发的游戏软件呢，所以也买来玩了。

老师：这肯定不是一种巧合。同学们中肯定有人非常懂计算机，根据游戏软件的特点，两个各自独立开发的计算机游戏软件，其场景、人物、音响等恰巧完全相同的可能性，是不是几乎不存在？

学生：是。盗版软件，制作得再高明，像更改制作单位、更改游戏名称等，都会留下痕迹。

老师：这显然是侵犯计算机游戏软件著作权的行为。

学生：所以外星公司要把他们告上法庭。

老师：翁某、叶某通过广州的个体摊主王某向全国各地销售。利军商行和环球商行，都先后销售这些从王某那儿批发来的盗版游戏卡。

学生：各种盗版光盘，曾经满大街都是，现在好像隐蔽多了。

老师：侵权者必须承担法律责任，盗版者不能不有所收敛。

学生：翁某等人还能逍遥法外、继续招摇过市吗？

老师：当然不能。外星公司发现上述事实后，向法院提起诉讼，法院从利军商行和环球商行查扣了涉嫌侵权的《刘邦传记》等十种游戏卡带，游戏软件的外包装印刷品、“IC烧录记录”（烧录即复制计算机游戏软件）等。

学生：抓了现行，有证据了！

老师：法院把从利军商行和环球商行查扣的涉嫌侵权的游戏卡带，与原告提供的相应游戏卡带，委托福建省版权局进行对比鉴定。

学生：毫无疑问，正版、盗版的游戏卡带，完全一样，因为我们都玩过了。

老师：结论正是这样。

庭审

一审法院认为，外星电脑公司开发的游戏软件，经国家有关部门审查发给《计算机软件著作权登记证书》，其合法权益应受到保护。翁某、叶某未经游戏软件著作权人同意，擅自删除、修改、复制外星公司公开发行的《楚汉争霸》等十种游戏软件，将这些游戏软件更名后，制作成游戏卡带，以振华公司的名义由其雇员在全国各地进行销售，严重侵犯了外星公司对这十种游戏软件的署名权、修改权、保护作品完整权、使用权、获得报酬权。依据《计算机软件保护条例》的有关规定，应承担相应的侵权责任。但外星公司无法就其因被告侵权所造成的损失数额进行举证，亦无法查清被告因盗版侵权的获利数额，故对外星公司的诉求，酌情确定赔偿数额。法院根据《计算机软件保护条例》判决如下：1. 被告环球商行、利军商行、翁某、叶某应立即停止侵权行为，销毁侵权产品；2. 在全国性报刊上刊登道歉声明，消除影响；3. 鉴于被告所实施侵权的软件种类多，且侵权情节较为恶劣，在本判决生效之日起十日内，赔偿外星公司人民币40万元，要求260万元赔偿请求不予全部支持。翁某等不服判决，提起上诉。1. 翁某对原审法院将福建省版权局的鉴定结论作为本案定案证据提出异议；2. 翁某辩称利军商行长期以来就是外星公司的销售代理，不能排除利军商行与外星公司串通陷害他的可能；3. 影响计算机软件销售的因素是多方面的，其间外星公司的销售额仅为人民币19397元，判令赔偿外星电脑经济损失40万元没有依据。二审法庭重新审理，1. 翁某对鉴定结论虽有异议，但又明确表示不申请重新鉴定，且一直不能向法庭提交被控侵权软件的源程序；2. 只是猜测，没有证据，不能采信；3. 原审法院判决酌定的赔偿数额，亦无不当。二审法庭认为，原审判决认定事实基本清楚，适用法律正确。驳回上诉，维持原判。

生词

1. 消遣	xiāoqiǎn	*v.*	pastime
2. 智力	zhìlì	*n.*	intelligence
3. 网迷	wǎngmí	*n.*	web fan
4. 网瘾	wǎngyǐn	*n.*	Internet addiction
5. 自制能力	zìzhì nénglì		self-control
6. 刺激	cìjī	*a.*	stimulating
7. 开发	kāifā	*v.*	develop
8. 更改	gēnggǎi	*v.*	change; alter
9. 巧合	qiǎohé	*n.*	coincidence
10. 痕迹	hénjì	*n.*	trace
11. 隐蔽	yǐnbì	*v.*	hide; conceal
12. 收敛	shōuliǎn	*v.*	weaken; restrain oneself
13. 陷害	xiànhài	*v.*	frame up

练习

一、复述本课案情：

二、根据课文内容，回答下面的问题：

1. 你玩计算机游戏吗？都是什么游戏软件？你对玩计算机游戏有什么看法？
2. 现在许多年轻人，特别是中小学生患上了“网瘾”，你了解这方面的情况吗？你对此有什么看法？
3. 为什么说，翁某等人出售的游戏软件是盗版软件？
4. 盗版是一种什么行为，这种行为侵犯了著作权人的哪些权益？
5. 外星公司对侵权人提出了哪些诉讼请求？他们的诉讼请求是否合理？
6. 外星公司要求的经济赔偿数额，为什么没有得到法庭的全部支持？
7. 翁某等人在一审判决后，为什么提起上诉？他们对鉴定结论有异议，为什么不申请重新鉴定？
8. 你知道现在市场上有哪些盗版商品吗？据你所知，世界各国怎样对待盗版行为？

三、综合一审、二审内容，分角色，模仿庭审辩论：

法官　原告代理律师　被告代理律师

四、根据解释，结合课文回答问题：

1. “上瘾”，指爱好某种事物而成为一种嗜好，癖好，甚至成为一种病，所以“瘾”字的部首是“疒”，跟“病”、“痛”一样的部首。喝茶能上瘾，喝咖啡能上瘾，看京剧能上瘾，此外又如“网瘾”“毒瘾”。你对什么事物最上瘾？
2. 逍遥法外、逍遥自在、逍遥物外，乐得逍遥、好不逍遥，都有“逍遥”一词，意思是自由自在，不受任何拘束。“逍遥物外”，语出《庄子》，意思是生在天地之间，能自由自在生活，不受外物（如名、利、官职等等）干扰、约束。那么，“逍遥法外”是什么意思？课文中说，不能让侵权者“逍遥法外”是什么意思？

五、从下面选项为“现行”选择一个正确解释：

1. 现在就可以吧。
2. 现在就走。
3. 现在正在实行的犯罪活动。
4. 现在就成。

第二十五课　朗讯商业贿赂案

案情

学生：老师，昨晚央视“新闻会客厅”的访谈节目，您看没有？

老师：你是说关于商业贿赂的访谈节目吗？

学生：是。央视请了最高人民检察院检察长、反贪总局局长、大学教授到演播厅做客，央视为什么做这样一个节目？听起来，问题好像挺严重。

老师：是的，比如在医疗领域，药品回扣问题相当严重。有些医生开“大处方”，药品用“回扣药”，甚至过度检查、过度治疗。所有这些，增加了患者的负担，老百姓感到看病贵，看病难，已经是怨声载道。

学生：访谈中，特别提到美国朗讯和德普公司的商业贿赂案，这与中国有关吗？

老师：国内媒体报道了美国朗讯商业贿赂消息后，舆论沸沸扬扬，一时哗然。

学生：为什么？

老师：我想有两个原因。一是美国惩罚自己在中国的全资子公司，而在这之前中国自己却浑然不知；二是引起了中国各方面的高度重视，呼吁加大对商业贿赂的惩治力度。

学生：我知道，美国有《反海外腐败法》(Foreign Corrupt Practices Act)，中国没有这样一部专门的法律吗？

老师：中国目前还没有，但是中国有《刑法》，也有《反不正当竞争法》及《关于禁止商业贿赂行为的暂行规定》，都有类似的法律规定。但是，工商部门查处的大量商业贿赂事件，大部分都作为行政处罚，很多没有进入司法程序。

学生：为什么？

老师：在司法解释方面还有一些不明确的地方，在司法实践方面还有一些难度，需要进一步完善。

学生：比如说……

老师：就拿朗讯案来说，它的商业行贿的方式是安排客户吃喝玩乐，不是直接送红包，钱没有揣进个人腰包，你说这是行贿、受贿还是中国人说的好客与礼尚往来？

学生：老师，您说的，我还是不明白。

老师：朗讯门事件在美国败露后，朗讯科技中国有限公司就向我国有关方面提交了一份长达800页的文件，详细记载了朗讯的行贿细节。

学生：请您详细说说，让我们长长见识。

老师：从2000年到2003年，朗讯邀请约1000名中国国有电信公司高层人士、职员赴美国或其他地方旅行，为此花费超过1000万美元。

学生：啊，真够触目惊心的！

老师：这些安排，分为"售前"访问(Pre-Sale Visits)和"售后"访问(Post-Sale Visit)。

学生：什么是"售前"访问？

老师：所谓"售前"，是想从客户那里获得业务；所谓"售后"是指已经有合同关系。朗讯为大约330名中方客户雇员、至少55次，在美国和其他地方安排这种"售前"的访问，提供了全额费用，花费超过了100万美元。

学生："售后"访问呢？

老师：朗讯为大约850人260次赴美国和其他国家“售后”访问，支付了超过900万美元。

学生：这些访问是怎么安排的？

老师：朗讯雇员通常准备一份客户名单，由朗讯在中国的全资子公司高层批准后，由朗讯中国在朗讯美国新泽西总部的雇员，被称作中国运营支持小组，负责安排访问的一切事宜。

学生：这些访问的内容都是什么呢？

老师：其中被称为1号的客户，访问包括三天的商务活动，但观光、娱乐和休闲则超过五天，包括参观迪士尼和夏威夷。2号客户尽管花五天时间参观了朗讯在伊利诺伊、新泽西和科罗拉多的工厂，但他们花了九天时间游玩，其中包括波士顿、拉斯维加斯、大峡谷和夏威夷。其他大都如此。

学生：哦，大部分时间都花在旅游上了。

老师：更有甚者，在澳大利亚和欧洲，朗讯在这些地方根本没有工厂，也安排中方客户去访问。

学生：这些访问的费用，都是朗讯提供的吗？

老师：是，包括飞机票、酒店住宿、饮食、观光旅游，甚至每日的津贴。

学生：我在中国，常常听到这样一句话，“吃人家的嘴软，拿人家的手短”。朗讯是不是也谙熟中国的这种人情世故？

老师：大概吧，他们这样做，当然是想得到好处。他们抓住了“黄金机会”，最终，朗讯从“1号客户”那里获得CDMA第二阶段项目合约的一部分，价值4.28亿美元；而朗讯在审批旅行项目时，估计与“2号客户”的潜在业务可达5亿美元；朗讯还成功地获得

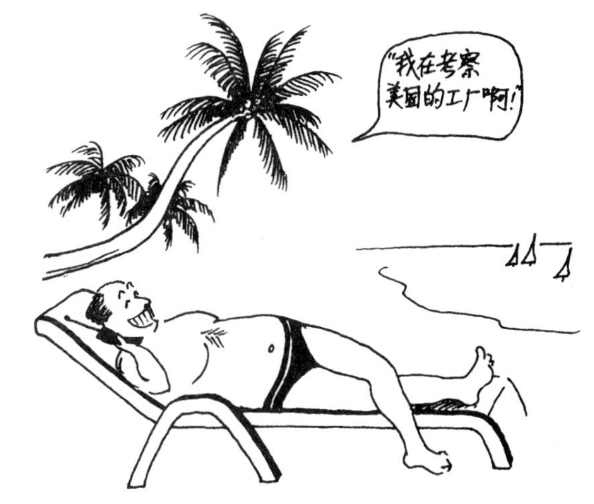

"3号客户"西南区骨干光网络二期的合同,价值2300万美元。

学生:看来舍不得孩子套不住狼,怪不得朗讯肯花这么大的血本。朗讯都邀请了一些什么人呢?

老师:当然都是一些"关键客人"、"决策者"和"影响决策者",所以他们达到了目的,他们的钱没有白花。

学生:朗讯安排的这些吃喝玩乐,商业目的十分明显,按照美国的《反海外腐败法》,确实是一种行贿行为。

老师:所以受到美国证监会指控,因为它严重背离了市场公平交易的原则,破坏了正常的经济秩序,因此不允许自己的公司在海外通过行贿的办法来取得交易机会或者经济利益。但中国司法界和法学界,目前对公款旅游、公款吃喝、公款娱乐等现象是否属于行贿受贿,尚存在很大争议,司法实践中也还没有相关的判例。

学生:看来,中国有中国的特殊国情。

老师:我们也在坚持不懈地制止公款吃喝、公款旅游,加大对商业贿赂的惩治力度。但教育和法治的完善,都有一个过程,我们正在努力。

庭审

美国证监会指控,朗讯公司为大约315宗邀请中国国有或国有控股电信公司雇员旅行承担费用。中国企业雇员在美国,只花很少甚至不花时间去参观朗讯工厂;相反,他们在各个旅游点如夏威夷、拉斯维加斯、大峡谷、尼亚加拉大瀑布、迪士尼世界、环球影城和纽约游玩,而朗讯将许多此类旅行开支作了不恰当的记录,分别记录在各种名目项下,如"参观工厂"、"培训"、"其他服务"、"住宿"、"国际运输"等等。而"国际运输"这一费用账户,在法律上是仅用于"在商品跨国家边境时的国际航运和运输”的成本；依照朗讯的内部文件，“住宿”这笔费用，是被用于“朗讯公司员工或代表朗讯公司员工由于公司业务而产生的住宿费用”。朗讯缺乏有效的内控机制，以确保发现和防止目的在于游玩、娱乐和休闲而不是商务的旅行项目，因而违背了美国《反海外腐败法》关于账簿记录和内控的条款。美国哥伦比亚特区联邦地区法庭审理了此案。朗讯与司法部达成和解，为其违反美国《反海外腐败法》付出100万美元罚金；证监会亦与朗讯就同案达成和解，朗讯另行受罚150万美元。

生词

1. 访谈	fǎngtán	*v.*	interview
2. 演播厅	yǎnbōtīng	*n.*	studio
3. 大处方	dàchǔfāng	*n.*	irrational prescription
4. 过度	guòdù	*a.*	over; excessive
5. 浑然不知	húnrán bù zhī		unaware
6. 呼吁	hūyù	*v.*	appeal
7. 司法	sīfǎ	*n.*	judicature
8. 程序	chéngxù	*n.*	procedure
9. 实践	shíjiàn	*v.*	practice
10. 红包	hóngbāo	*n.*	secret bribe (red envelope)
11. 腰包	yāobāo	*n.*	pocket; purse
12. 津贴	jīntiē	*n.*	allowance
13. 谙熟	ānshú	*v.*	be proficient in
14. 血本	xuèběn	*n.*	original capital
15. 背离	bèilí	*v.*	deviate; depart
16. 坚持不懈	jiānchí bú xiè		unremitting

练习

一、复述本课案情：

二、根据课文内容，回答下面的问题：

1. 你知道商业活动中的“回扣”是怎么回事吗？这是一个世界性问题还是只是中国的问题？你对“回扣”有什么看法？
2. 什么是商业贿赂？商业贿赂是否合法？商业贿赂有什么危害？
3. 在你看来，安排客户吃喝玩乐，是不是一种商业贿赂方式？商业贿赂还可能有什么方式？
4. 朗讯公司邀请中国客户的“黄金机会”，是指什么“机会”？他们抓住这种“机会”的结果是什么？
5. 朗讯邀请中国客户的对象都是什么人？他们为什么邀请这些人？
6. 你熟悉中国的市场环境吗？就中国市场而言，课文中所谓“中国的特殊国情”是什么？
7. 美国证监会指控朗讯公司的具体内容是什么？
8. “行贿”与“受贿”是一对对应的法律关系，是否会同样承担相应的法律责任？
9. 商业贿赂是一个世界性问题还是只是中国的问题？请举例说明。

三、阅读下面的案例，然后回答问题：

2005年5月20日美国司法部门决定，对美国德普公司处以高达479万美元的巨额罚款。原因是：根据调查从1991年到2002年的11年间，德普公司在中国的子公司，向中国的医疗机构及医生，进行了总额为162.3万美元的现金贿赂，以换取这些医疗机构购买德普公司的产品，德普公司从中赚取了200万美元。根据美国司法部的判定，德普公司违反了美国《反海外腐败法》有关禁止美国公司向外国有关人员行贿的规定。

1. 德普公司行贿采用的是什么方式？是不是课文中所说的“回扣”？
2. 医疗行业的商业贿赂，会产生什么后果？

四、把下面意思相同或相近的词语用连线连起来：

沸沸扬扬　　　　热烈活泼
哗然　　　　　　吵吵嚷嚷
热闹　　　　　　怨恨不满
怨声载道　　　　议论纷纷

五、为下面的句子选择正确解释：

汉语里有两个“世故”，读音和词义都不同。A. 世故(shìgù)，指处世经验；B. 世故(shìgu)，指处世待人圆滑、不得罪人。

1. 你还太年轻，哪里懂得这些人情世故。（　　）
2. 你这个年轻人怎么也这么老成世故！（　　）
3. 他是一个书呆子，一点不通人情世故。（　　）
4. 在机呆久了，人也变得世故了。（　　）

六、阅读下面的成语、俗语故事，然后回答问题：

1. 古人说：“礼尚往来，往而不来，非礼也；来而不往，亦非礼也。”这句话意思是：人们讲礼节，很看重有来有往。只是一方表示出“礼”，而另一方却无表示，这是对方无礼的表现；如果对方表示出“礼”，而你却没有回报的表示，这也是无礼。现在人们不止是在礼仪场合、在许多场合，都常说“礼尚往来，来而不往，非礼也！”表示你怎么对待我，我也怎么对待你。可能是以善举对善举，也可能是以恶对恶，以暴制暴。课文中所说的“礼尚往来”是指什么？朗讯公司和中国客户之间存在一种什么样的“礼尚往来”？
2. “吃人家的嘴软，拿人家的手短”。这是中国的一句谚语，意思是说，吃了人家的，到应该站在正义立场说话时，就不那么理直气壮了；应该出击时，手就变得软弱无力了。在课文中，是什么意思？在什么情况下，会出现“吃人家的嘴软，拿人家的手短”？会产生什么后果？

3.“舍不得孩子套不住狼”：具体解释，说法不一。有一种说法是：这句话原来是“舍不得鞋子套不住狼”，狼生性狡猾，且体格强壮，能奔善跑，一旦被猎人发现，就飞快逃跑。要想打到狼，就要不怕跑路、不怕费鞋。就这样，“舍不得鞋子套不住狼”这句俗语就诞生并广泛流传开来了。现在南言一些方言“鞋子”与普通话“孩子”发音还完全一样。这句俗语的意思是：为了打到狼，有时不得不舍弃孩子，比喻要达到某一目的，必须付出相应的代价。请问，课文里用这句话是什么意思？什么是“孩子”？什么是“狼”？

第二十六课　非法集资诈骗案

案情

记　者：检察官先生，最近最高人民法院公布了一批非法集资诈骗案。请您谈谈这方面的情况。

检察官：近年来，随着我国经济社会的不断发展，一些犯罪分子，利用人们急于在短期内致富甚至是一夜暴富的心理，采取非法集资的方式骗取钱财，不仅给人民群众的财产造成重大损失，也严重扰乱了金融秩序，影响社会和谐稳定。

记　者：什么是非法集资呢？

检察官："非法集资"有四大特征，一是单位或者个人未依照法定程序经有关部门批准；二是承诺在一定期限内给出资人还本付息或给予回报；三是向社会不特定的对象筹集资金。这里的"不特定的对象"是指社会公众，而不是指特定少数人；四是以合法形式掩盖其非法集资的实质。

记　者：能进一步解释一下第四条吗？

检察官：为掩饰其非法目的，犯罪分子往往与投资人（受害人）签订合同，伪装成正常的生产经营活动，最大限度地实现其骗取资金的目的。为维护金融管理秩序，震慑不法犯罪分子，所以现在我们公示了部分案件。

记　者：全国各地的新闻媒体不时有这方面的报道，有的案情还特别重大。

检察官：是的。就以我们这次公示的安徽省亳（bó）州市的一起案子来说吧，受害人涉及7省市116县区，非法集资金额高达人民币9.73亿余元。他们的犯罪活动，就具备了我前边说的四大特征。

记　者：犯罪嫌疑人是个什么人，胆敢干这种事？

检察官：万物春科技开发公司董事长唐某，是一个曾因犯诈骗罪、脱逃罪被判处有期徒刑16年，关押11年后被假释的罪犯。

记　者：有如此重大的前科！真是江山易改，本性难移啊！他用了什么手段诈骗得手的？

检察官：他有一身很华丽的外衣："科技开发公司"；有一个很诱人的名目：梅花鹿养殖！

记　者：啊，养殖梅花鹿，这是一项多好的事业，鹿茸可是很名贵的中药材！唐某的这个幌子，确实不由你不相信他。

检察官：唐某以高额回报为诱饵，夸大、虚假宣传养殖梅花鹿的经营状况，以万物春公司的名义，先后与近5万人次签订《联合种植养殖合同书》，骗取了受害者的大量资金。

记　者：这些受害者，大多数肯定都是希望致富的老实农民和养殖专业户。

检察官：是的。先期参加集资的人，果真得到了唐某许诺的回报，再怂恿参加集资的人利用亲情诱骗亲朋好友，所以参加集资的人才越来越多。

记　者：这是搞非法集资的人最常用的伎俩，人们很快就会明白，那华丽的外衣，不过是皇帝的新装，那高挂的幌子，也只是为了招揽顾客。

检察官：是这样。不久，人们就发现受骗上当了，由于承受不起这样重大的损失，一名受害者竟绝望自杀了。

记　者：唉，不能让受害者竹篮打水一场空，不能让这样的悲剧重演，一定要千方百计把那些老实巴交的农民和养殖专业户的钱追回来。

检察官：案发后，我们立即采取了行动。但是，唐某非法集资所得的9亿余元，除了部分用于支付先期集资的本息、发放高额集资业务奖励及业务提成外，绝大部分用于个人购车、购置房产、挥霍和转移掉了，至案发时止，尚有集资款人民币3.33亿余元，已经无法归还了。

记　者：那些钱都是受害者的血汗钱，救命钱，追不回来怎么办？

检察官：参与非法集资活动不受法律保护。有关法律明确规定：因参与非法吸收公众存款、非法集资活动受到的损失，由参与者自行承担，而所形成的债务和风险，不得转嫁给未参与非法吸收公众存款、非法集资活动的国有银行和其他金融机构以及其他任何单位，也不能采取财政拨款的方式来弥补非法集资造成的损失。

记　者：那么，怎样惩治犯罪，平息民愤，安慰受害者呢？

检察官：加强宣传，教育公众不要参与非法集资，对非法集资者，轻的要进行纪律处罚，触犯法律的，追究法律责任。唐某已经受到应有的惩罚！

庭审

亳州市中级人民法院以集资诈骗罪判处被告人唐某死刑，剥夺政治权利终身，并处没收个人全部财产。宣判后，唐某不服，提出上诉。安徽省高级人民法院经开庭审理，依法驳回唐某的上诉，维持原判，并依法报请最高人民法院核准。最高人民法院经复核认为，被告人唐某以非法占有为目的，伙同他人采取虚构资金用途、隐瞒公司亏

损状况的方式，骗取他人钱财，其行为已构成集资诈骗罪，且诈骗数额特别巨大，给人民群众利益造成特别重大损失。唐某策划、指挥集资诈骗活动，系主犯，并系累犯，犯罪情节特别恶劣，罪行极其严重，依法应予严惩。因此，依法核准安徽省高级人民法院维持一审对被告人唐某的刑事裁定。

生词

1. 集资	jí zī		raise funds
2. 致富	zhìfù	*v.*	become rich
3. 一夜暴富	yí yè bào fù		become extremely rich overnight
4. 和谐	héxié	*a.*	harmony
5. 筹集	chóují	*v.*	manage to collect
6. 假释	jiǎshì	*v.*	parole; free a prisoner on probation
7. 前科	qiánkē	*n.*	criminal record
8. 养殖	yǎngzhí	*v.*	breed; cultivate
9. 怂恿	sǒngyǒng	*v.*	tempt; urge; entice
10. 招揽	zhāolǎn	*v.*	recruit; attract
11. 挥霍	huīhuò	*v.*	squander; spend freely
12. 血汗钱	xuèhànqián	*n.*	hard-earned money
13. 转嫁	zhuǎnjià	*v.*	impute to
14. 民愤	mínfèn	*n.*	popular indignation

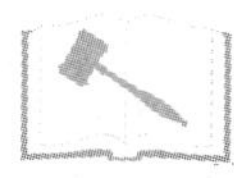

练习

一、复述本课案情：

二、根据课文内容，回答下面的问题：

1. 非法集资案现在为什么时有发生？
2. 非法集资的主要特征是什么？什么企业或机构吸收公众资金才是合法的？
3. 课文中说“以合法形式掩盖其非法集资的实质”。什么是“合法形式”？什么是“非法集资的实质”？
4. 最高人民法院为什么要公示一批重大非法集资案件？
5. 犯罪嫌疑人唐某是个什么人？
6. “非法集资的人最常用的伎俩”是什么？
7. 本课文中最大的受害者是什么人？
8. 非法吸收的公众资金一般情况下都无法追回，为什么？
9. “法律明确规定：因参与非法吸收公众存款、非法集资活动受到的损失，由参与者自行承担”，法律这样的规定的理由是什么？

三、阅读下面的案例，然后回答问题：

纺织女工石某在三年时间里以2.5%至4.5%不等的月利率，吸收民间资金7.4亿多元。贾女士看见别人放贷挣钱快，竟想出贷款放贷的主意，她通过住房公积金贷款15万、买车按揭贷款10万，以3%的月利息贷给石某；曹女士借给石某6700万，她是通过她的婆婆、亲友、同事以及她们的下线，利用亲情，波浪似一层层扩散，把公众资金积聚起来的。放贷者中，竟有一名拾荒老人，很多人是托了关系才能借钱给她的。石某的财源滚滚而来，她用这些非法集资款购买土地，在北京、呼和浩特相继购买了43处房产。大肆炒房和狂热投资，终于使石某资金链断裂。至案发之时，能够追回来的仅有3.47亿元。

1. 据你分析，石某是怎样给当地群众编织“致富神话”的？
2. 贾女士为什么“贷款放贷”？一些地方出现了“地下放贷热”，一些人为什么热衷于这种投资形式？
3. 什么是“资金链断裂”？石某“资金链断裂”的具体表现是什么？
4. 比较唐某和石某两个案子的异同。

四、阅读下文,然后回答问题:

1. 江山易改,本性难移:"江山"指自然界的山川江河;也用来代指国家或国家政权,比如"打江山"、"坐江山"。"江山易改,本性难移"这句话的意思是说,山川江河容易改造、改变模样,人的本性(品德、性格、习惯等)却很难改变。结合课文谈谈你对这句话的理解。

2. 皇帝的新装:丹麦著名童话作家安徒生的代表作之一,故事说,有一个皇帝最喜欢穿华丽的新衣。一天,来了两个大骗子,自称是裁缝,能缝制出天下最漂亮的衣服,并说谁要是看不出来,谁就是不称职的、愚蠢的家伙。正好,盛大庆典要到了,皇帝让两个人为他纺织衣料,缝制新衣。两个骗子,就装模作样纺织起来,皇帝还先后派两名最诚实的大臣去观察,两个骗子问大臣,你看这衣料是不是很美?其实,织布机上什么也没有,可大臣只能也跟着骗子说"很美!"因为他如果说什么也没看见,他就会被认为是不称职的、最愚蠢的人。举行盛典那天,皇帝就穿着两个骗子织的衣服去参加盛典游行。人们看见皇帝赤身裸体,谁也不想成为不称职的、最愚蠢的人,只有一个小孩子说了真话,戳穿了这个谎言。

   (1) 这个故事包含什么意义?你读后,有什么感想?

   (2) 课文中的"皇帝的新衣"是指什么?谎言是怎样戳穿的?

3. 竹篮打水一场空,比喻希望破灭。在课文里,那些参加梅花鹿养殖的人以为找到了金饭碗、聚宝盆,没想到得到的是一只空竹篮。用"竹篮打水"结果只能是"一场空"。请根据内容具体解释一下。你能再举一个你生活中的例子,说明"竹篮打水一场空"吗?

4. 幌子:商店门外表明所卖商品的标志。中国古时候,商店没有招牌,想让人知道商店是卖什么的,就在店门口挂出一块布或其他什么东西,有时还在上面写一个字,如"酒",过往行人,久而久之,就知道这家店是卖什么的了。大约用布做的幌子,能随风飘动摇晃,所以叫"幌子",现在,在各地的古文化街上还可以看见这种幌子。后用来比喻进行某种活动时所假借的名义。请结合课文说说唐某的"幌子"是什么?他为什么扯起这样的"幌子?

第二十七课　杜邦网络域名侵权案

案情

记者：法官先生，我是一家互联网媒体的记者，网民们对今天审理的案子，很感兴趣。

法官：近几年，互联网在全球飞速发展，互联网具有传播速度快、覆盖范围广的特点。利用这个特点，既可以使合法权益得到更及时、更充分的体现，也可以使非法行为产生更迅速、更严重的危害后果。

记者：域名是互联网用户在网络中的名称和地址。域名具有识别功能，是域名注册人在互联网上代表自己的标志。所以企业在网上注册域名，也是有利有弊。

法官：当然还是利大于弊。由于域名有较强的识别性，网络中的访问者一般凭借域名来区分信息服务的提供者，域名日益成为企业在互联网上的重要标志，所以企业往往尽可能使用其商标或商号作为域名，使访问者可以通过域名识别网站创立者的商品和服务。企业有了网上域名，就可以得到较高的访问率和社会认知度。

记者：但是企业因此也可能被恶意侵权，对企业造成意想不到的后果。国网信息公司将

"dupont. com. cn"注册成自己的域名，美国杜邦公司，把他们告上了法庭，就是个例子。

法官：是的。美国杜邦公司在网上发现了这件事后，曾经致函国网公司，说明杜邦公司以DUPONT商标注册并经营国际商业活动有近200年历史，同时是DUPONT商标（包括椭圆标志）在世界各国的注册所有人。公司在中国拥有10余家独资或合资公司，均以"DUPONT"之名注册。公司也在中国注册了"DUPONT"商标，希望国网撤销他们在中国注册的"dupont. com. cn"域名。

记者：他们没有接受这个善意的劝阻？

法官：是。

记者：难道他们不知道杜邦是一个怎样的公司？杜邦公司在我国投入了巨额的广告宣传费用，使用椭圆字体"DUPONT"商标的商品在我国也拥有大量的消费者，我国已成为杜邦公司商品的重要市场。在我的记忆中，杜邦公司有一年投入的广告费用是148.2万美元，同年使用该商标在我国销售的商品营业额是2.23亿美元。

法官：这些事实，他们当然清楚。

记者：作为一家信息公司和域名服务商，国网公司难道不知道使用他人企业名称或商标名称注册域名是不正当的吗？

法官：我想他们也应该知道。

记者：这我就不理解了。

法官：是啊，所以杜邦公司才把国网公司告上了法庭，而且双方在法庭上辩论还很激烈。

记者：杜邦是以什么理由起诉的呢？

法官：杜邦公司诉称，公司历史悠久，是世界500家最大企业之一，公司注册使用的椭圆字体"DUPONT"商标，在美国及中国在内的世界94个国家和地区登记注册，"DUPONT"文字商标已被列入中国商标局编制的《全国重点商标保护名录》。杜邦公司在中国及全世界拥有庞大的用户群，杜邦商标是驰名商标，应获得全方位的保护，其中包括在计算机网络域名方面的保护。而国网公司的行为违背了《保护工业产权巴黎公约》和中国的有关法律，构成了侵权和不正当竞争。

记者：那么，国网公司又怎样为自己辩护呢？

法官：国网公司认为"DUPONT"商标未经行政程序认定，不是驰名商标，而且认为商标与域名是两个领域中完全不同的概念。互联网络域名的注册及使用，不在商标法调整的范围之内；他们注册域名"dupont. com. cn"，根本与杜邦公司没有关系，不可能导致人们对杜邦商品的误认，该行为不属于《保护工业产权巴黎公约》和反不正当竞争法中规定的不正当竞争，所以指控他们"侵权和不正当竞争"，根本是莫须有的罪名。

记者：啊，听起来，是公说公有理，婆说婆有理。看来，清官是难断家务事了？

法官：这里没有公公，也没有婆婆，当然也不是家务事，官司是可以了断的。

记者：怎么了断？

法官：那我们就一起听听庭审吧！

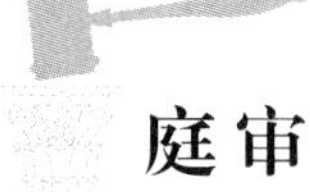

庭审

被告辩称，其行为不属于《保护工业产权巴黎公约》和反不正当竞争法中规定的不正当竞争。法庭认为，原告杜邦公司在美国注册，是美国法人，我国与美国均为《保护工业产权巴黎公约》的成员国，本案处理应适用我国法律和《保护工业产权巴黎公约》的规定。商标是否是驰名商标，是一种客观存在。对驰名商标的认定，实质上是对涉及民事权利的客观事实的确认。因此，人民法院有权就案件涉及的商标是否驰名作出判定。被告国网公司关于椭圆字体“DUPONT”商标未经行政程序认定，不属驰名商标的主张，没有法律依据，不予支持。《保护工业产权巴黎公约》确立了驰名商标的保护制度。本案所涉椭圆字体“DUPONT”商标，作为驰名商标，应当受到比普通商标在一般基础上的保护水平更高的特殊保护。即使在不相类似的商品或服务上被使用，也会引起公众误认，造成降低驰名商标显著性、损害其商誉的后果，因此，将他人驰名商标注册为域名的行为，必然会给商标权人的合法权益造成损害。被告国网公司作为注册域名的代理商，在为他人代理注册域名时，知道告诫被代理人“不得使用他人已在中国注册过的企业名称或商标名称”，自己却将原告杜邦公司的驰名商标名称注册成域名，其行为具有恶意，违背了“民事活动应当遵循自愿、公平、等价有偿、诚实信用的原则”，其行为还构成不正当竞争，国网公司应承担侵权的民事责任，包括停止侵权、赔偿杜邦公司为本案诉讼而支出的调查取证费。鉴于国网公司将“dupont. com. cn”注册成域名后并未使用，只是起到了阻止杜邦公司在中国注册成域名的作用，妨碍了杜邦公司在中国互联网上使用自己的商标进行商业活动，杜邦公司要求国网公司赔礼道歉，该诉讼请求不予支持。法庭经过审理和法庭质证、辩论，判决如下：一、被告国网公司于本判决生效之日起10日内，撤销其注册的“dupont. com. cn”域名；二、被告国网公司于本判决生效之日起30日内，给原告杜邦公司赔偿为本案诉讼支出的调查取证费2700元。

生词

1. 覆盖　fùgài　*v.*　cover; overlay
2. 危害　wēihài　*v.*　harm; endanger
3. 识别　shíbié　*v.*　distinguish; discern

4. 功能	gōngnéng	*n.*	function
5. 凭借	píngjiè	*v.*	rely on
6. 认知度	rènzhīdù	*n.*	degree of recognition
7. 致函	zhì hán		send a letter
8. 椭圆	tuǒyuán	*a.*	ellipse; oval
9. 悠久	yōujiǔ	*a.*	long
10. 概念	gàiniàn	*n.*	concept
11. 了断	liǎoduàn	*v.*	settle
12. 遵循	zūnxún	*v.*	follow; abide by
13. 质证	zhìzhèng	*v.*	cross-examination

练习

一、复述本课案情：

二、根据课文内容，回答下面的问题：

1. 请你说说互联网对当今社会的影响？在商业活动中互联网发挥着怎样的作用？为什么使用互联网利大于弊？
2. 什么是网络域名？企业域名有什么作用？企业为什么把域名和自己的产品商标合并在一起使用？
3. 美国杜邦公司为什么致函国网信息公司？国网公司得到杜邦公司函件后是什么态度？他们为什么采取那样的态度？
4. 国网公司真的认为他们在中国注册的“dupont. com. cn”域名，与杜邦公司没有关系吗？他们有什么理由？
5. 杜邦公司网上域名和商标，是否应该受到法律保护？为什么？
6. 你知道《保护工业产权巴黎公约》和中国的《反不正当竞争法》吗？它们在知识产权保护方面有什么作用？
7. 什么是驰名商标？是否需要经过有关部门审批？国网公司否认杜邦

是驰名商标，为什么没有得到法庭支持？

8. 为什么说国网公司的侵权行为具有主观“恶意”？

三、根据课文内容，分角色模拟庭审辩论：

法官　原告代理律师　被告代理律师

四、阅读下面的案例，然后回答问题：

著名艺人赵某发现谷歌、天涯社区网站擅自将他的卡通形象作为Flash广告，侵犯了他的肖像权，把两家网站告上了法庭，向两家网站索赔405万元。被告天涯公司辩称那是东北普通农民的舞台形象。法庭认为，赵某是演艺界公众人物，其个人肖像相较于其他东北普通农民形象具有明显的可识别性，而且网站广告配上“您有才”及“咱不差钱”等经典台词作为旁白使涉诉卡通形象明确指向公众印象中的赵某个人肖像，因此被告的主张不予采信。卡通形象归属于肖像概念范畴，属于我国肖像权法律保护的对象。天涯网站的行为侵犯了赵某的肖像权，应当承担因此产生的民事责任。谷歌公司提供技术支持的行为并无过错，不承担连带的侵权民事责任。法庭判决：被告天涯网站向原告赵某刊登声明赔礼道歉并赔偿12万元，驳回赵某的其他诉讼请求。

1. 什么是肖像权？侵犯肖像权应当承担怎样的法律责任？
2. 法庭根据什么判定天涯网站侵犯了赵某的肖像权？
3. 什么是“连带的侵权民事责任”？谷歌公司为什么不承担连带的侵权民事责任？

五、解释下面的词语：

有利有弊　利大于弊　弊大于利　利弊相当　权衡利弊

六、阅读下面的成语、俗语故事，然后回答问题：

1. “莫须有”，语出《宋史·岳飞传》，下面是经过改写的一段古文：

奸臣秦桧诬张宪通敌，且获飞与宪书，于是捕岳飞、岳云父子以证其事。岳飞父子俱下狱。大臣韩世忠不平，至桧问其实，桧曰：“飞与张宪书虽不明，其事莫须有。”韩曰：“‘莫须有’三字，何以服天下？”后用“莫须有罪名”来表示凭空捏造的罪名。

(1) 请说说上面一段话的大概意思。

(2) 课文中，国网公司开始为什么说指控他侵权和不正当竞争是“莫须有”的罪名？

2. “公说公有理，婆说婆有理”，是一种比喻，意思是说争论双方各持己见，而事实上，可能双方都有自己的道理，也可能一方所说有道理，还可能双方所说都没道理，只是相持不下，谁也说服不了谁，谁也不肯让步。在课文里，原告和被告各持的观点是什么？在现实生活中，你也常遇到“公说公有理，婆说婆有理”的事吗？请举个例子说说。

3. “清官难断家务事”：“清官”指廉洁公正的官吏，中国家喻户晓、老幼皆知的清官是宋代的包公（名包拯），他不畏权贵，公正执法，惩治邪恶、为百姓申冤，多难办的案子，他都能办，至今被老百姓颂扬。中国人民有一个情结，总把主张正义、惩治邪恶的希望，寄托在一代一代的清官身上。

(1) 课文里说“清官难断家务事”，果真如此吗？为什么？你能举一个生活中的例子加以说明吗？

(2) “中国人民有一个情结，总把主张正义、惩治邪恶的希望，寄托在一代一代的清官身上”，你理解这种情结吗？现代社会，存在人治和法治，中国人的这种情结，更倾向或选择哪一种？你认为应该怎样选择更好？

第二十八课　广东国际信投破产案

案 情

学生：老师，广东国际信托投资公司（以下简称“国投公司”）破产案，整个过程已经结束，您是我们的金融课老师，这个案子教给我们很多东西，还有许多问题想请您给我们讲讲。

老师：这个案子，内容丰富，有很多教训，你们确实应该好好学习，这对你们将来的工作，会有很大好处。

学生：国投公司是一家全民所有制企业，在工商局注册，经中国人民银行批准为非银行金融机构并享有外汇经营权，注册资金为12亿元。这样一家全民所有制金融机构，应该前景很好。

老师：是的，国投公司曾经辉煌过。其属下有4家证券交易营业部，有29家全资子公司，有广东国际大厦等实业；在破产申请时，有320家债权人申报了债权，申报债权总金额共计387.7738亿元，包括167家境外债权人申报债权320.1297亿元，从此可知当时的业务往来。

学生：国投公司的业绩，曾经如此显赫辉煌，怎么短短十余年就破产了呢？

老师：1992年以来，国投公司由于经营管理混乱，存在大量高息揽存、账外经营、乱拆借资金、乱投资等违规经营活动，终于导致不能支付到期巨额境内外债务，严重资不抵债。

学生：这么说，国投公司已经危在旦夕，如果继续运转下去，必然是倾家荡产，他们的投资者恐怕都要跳楼了。

老师：所以，中国人民银行作出决定，及时关闭了广东国投公司，并进行为期三个月的关闭清算。

学生：关闭清算的结果怎么样？

老师：清算查明，国投公司的总资产为214.71亿元，负债361.65亿元，总资产负债率168.23%，资不抵债146.94亿元。

学生：这么高的负债率，砸锅卖铁也无法清偿啊！

老师：有的投资者肯定是要受损失的。中国人民银行发布《关于清偿原省国投自然人债权的公告》，对自然人债权的清偿，只支付本金，不支付利息；同时广东省高级人民法院依法宣告广东国投公司破产，正式进入破产程序。

学生：破产程序的具体内容是什么？

老师：大致是这样几步：债权确认，破产财产的范围界定，对外债权的追收，国投公司的主要破产财产拍卖变现，并分配给债权人。

学生：怎样确认债权人的债权？

老师：分别在《人民日报》、《人民法院报》刊登公告，要求债权人自公告之日起3个月内申报债权，逾期未申报的，视为自动放弃。

学生：公告期限内，申请债权的就是前面提到的那三百多家中外债权人？

老师：是的。不过，破产清算组对债权人申报的债权要进行审核，将审核结果分别以确认债权或拒绝申报的方式通知各债权申报人。一些被拒绝的债权申报人对审核结果持有异议。

学生：什么人的债权申请被确认呢？

老师：比如，确认国投公司所属证券交易营业部收取的股民保证金所有权，属于股民所有。保证金是股民委托证券营业部代理买卖股票的结算资金，证券营业部只是代管，股票所有人当然可以依法通过破产清算组取回保证金。

学生：什么人对审核结果持有异议呢？

老师：广东省高级人民法院分别对破产案中62件有关债权申报异议进行了公开审理，并分别作出了裁定。

学生：您能举一个这样的例子吗？

老师：比如，在确认债权诉讼中，有17家债权人以信托存款为依据向国投公司清算组申报债权金额38亿元。信托存款的存款人，可以申报破产债权，但对信托存款无取回权。

学生：这是为什么？

老师：国投公司向存款人出具信托存款单，约定存款人将资金存入国投公司，到期取回本息，具有存款合同的特征，存款人与国投公司双方设定的是债权债务关系，并非信托关系。广东国投公司被宣告破产后，对于剩余存款应当确认为破产债权，存款人不享有取回权。

学生：债权人确定以后，国投公司是否还有偿还能力，应该是个关键问题了。

老师：是，但是必须首先对破产财产的范围作出正确的界定。破产清算组经过清算，认定国投公司被宣告破产时的账面总资产为209.3748亿元。

学生：这意味着什么？

老师：所谓破产财产，涉及国投公司及全资子公司中的投资权益，破产财产界定，实际是界定了公司投资权益的追收范围。对于经营状况好，有赢利的全资子公司，可采取整体转让的方法，收回投资权益。

学生：这就是说，可以追收回来一些资金用于偿还债务。

老师：但是，是否属于追收范围，也有争议。比如广东国际大厦，原来是登

记在广东国际大厦实业公司名下的实业，而这家公司，是信托房产公司和广信公司组成的合资企业。因此，广东国际大厦实业公司认为，广东国际大厦不能认定为国投公司的资产。

学生：是啊，听起来风马牛不相及嘛！

老师：其实，确实是一家子的事。房产公司是广东国投的全资子公司，而广信公司也是国投在香港注册成立的一家子公司。当初，为了使国际大厦实业公司享受中外合作企业的政策优惠，就安排房产公司和广信公司共同作为国际大厦实业公司的中外两方的股东，所以广东国投是事实上的投资公司。

学生：原来如此，这个中港合资企业有点名不副实。

老师：所以，法院裁定，广东国际大厦实业公司的100%股权归广东国投公司所有。

学生：如此说来，广东国投公司还有实业，一些债权人有盼头了。

老师：经过依法确认属于广东国投公司的财产后，就可以区别不同情况进行追收或变现了。

学生：怎么追收和变现？

老师：比如，对破产财产，均采取拍卖或者竞买的方式予以变现。其中广东国投公司对广东国际大厦实业有限公司、广东商品展销中心和对江湾新城的股权及债权，合计以18.69亿元的价格成功拍卖。通过竞买，公司属下4家证券交易营业部，以0.8093亿元的价格转让给广发证券有限责任公司。

学生：嗬，变现的数目也相当可观！

老师：是啊，这样就可以进入破产财产分配与终结破产程序了。

学生：就是说，可以偿还那些被确认了债权的申请人了？

老师：是，破产财产追收和变现后，依法优先拨付了破产清算使用，其中包括中介机构专业服务费用、评估费用及其他清算费用。然后，在优先清偿广东国投公司所欠职工工资、劳动保险费用和所欠税款后，分三次按照比例清偿破产债权。

学生：有多少债权人得到了清偿？

老师：分配破产财产共计25.34亿元，债权清偿率为12.52%。

学生：看来，还是几家欢乐几家愁啊！

老师：企业破产，是件很凄凉、很无奈的事，谁也不想走到这一步。

学生：广东国投公司从此关张大吉了！

庭审

广东省高级人民法院经审理认为，广东国际信托投资公司申请破产一案，债权确认工作已经完成，破产财产的范围已经界定，对外债权的追收工作已经全部采取有效法律措施，广东国投公司的主要破产财产已经拍卖变现，并已经分配给债权人，广东国投公司破产案已符合终结破产程序的法定条件，法院依据《关于审理企业破产案件若干问题的规定》最后裁定：一、终结广东国投公司破产案破产程序。二、广东国投公司破产清算组凭本裁定向广东省工商行政管理局办理广东国投公司的注销登记。三、保留广东国投公司破产清算组完成追收广东国投公司破产财产、追加分配等善后事宜。本案诉讼费减半收取，从破产财产中优先支付。

生词

1. 辉煌	huīhuáng	*a.*	splendid; brilliant
2. 显赫	xiǎnhè	*a.*	prominent; outstanding
3. 混乱	hùnluàn	*a.*	chaotic; orderless
4. 揽存	lǎncún	*v.*	solicit
5. 拆借	chāijiè	*v.*	lend; short-term loan
6. 资不抵债	zī bù dǐ zhài		insolvent
7. 危在旦夕	wēi zài dànxī		in imminent danger

8. 盼头	pàntou	*n.*	something to look forward to
9. 可观	kěguān	*a.*	considerable
10. 凄凉	qīliáng	*a.*	desolate; dreary
11. 关张大吉	guān zhāng dàjí		closing down
12. 注销	zhùxiāo	*v.*	cancel
13. 善后	shànhòu	*v.*	deal with the aftermath; rehabilitate

练习

一、复述本课案情：

二、根据课文内容，回答下面的问题：

1. 广东国际信托投资公司是一家什么公司？他有过怎样的业绩？为什么会破产？
2. 企业在什么情况下可以宣布破产？国投公司宣布破产时的资产状况怎么样？
3. 破产程序都包括哪些内容？
4. 怎样确认债权人的债权？说说课文中的例子。此外，你还能举一个例子吗？
5. 对破产财产的范围的界定，意味着什么？
6. 广东国际大厦实业公司是一家什么公司？在破产财产界定时，是怎样界定的？
7. 国投公司怎样实现追收和变现？是不是所有债权人都得到了补偿？为什么？
8. 广东省高级人民法院最后作出了怎样的裁决？

三、“意味着”指含有某种意义。把“意味着”填写在下面两句话的适当位置，可加入适当的连词和表示肯定否定的副词。

1. 法官宣布国投公司破产案审理终结，公司从当日起正式宣告破产倒闭，对投资者来说，皆大欢喜。

2. 一个投资者进入股票市场，投资一定有回报；股票市场有很大风险，人人都会倾家荡产。

四、名不副实："名"，名称或名声；"实"，实际；"副"，相符合。试解释下面的词语，然后选择适当词语填空：

名副其实　有名无实　徒有虚名　名不虚传　其实难副

1. 听说他到少林寺学了一身功夫，可跟他一过招就知道，他是______。
2. 我读过鲁迅先生的著作，他不愧是中国一位______的伟大作家。
3. 我哪里是什么著名书法家，盛名之下，______，惭愧！惭愧！
4. 那个公司然在工商部门注了册，但一无资金，二无产品，三无场所，是一个空壳公司，______，早晚是要被人们识破的。
5. 外国朋友都喜欢吃北京烤鸭，到过全聚德的外国朋友，都会翘起大拇指说"真是______啊！

五、阅读下面的成语、俗语故事，然后回答问题：

1. "风马牛不相及"：春秋(约公元前722—公元前481)时，齐国攻打楚国，楚国国君派人对齐国人说："你们住在北海，我住在南海，完全是风马牛不相及，不料你们跑到我这儿了，这是为什么?"这段话的意思是，我们两个国家相距很远，就是牛马发情了，互相吸引，也没法接近啊。后用来比喻双方或两件事毫不相干。课文里说，"听起来，广东国投和广东国际大厦实业公司""风马牛不相及"，是什么意思？为什么记者这样说？
2. "砸锅卖铁"：这是一个比喻，在中国，做饭炒菜，过去都是用铁锅。"砸锅卖铁"的意思，家里什么财产都没有了，只剩下做饭炒菜的铁锅，把锅砸了去卖铁，用于还债或其他紧急所需。含有十分贫穷，几乎一无所有和做某事的决心。比如说："砸锅卖铁也要把债务还清。""砸锅卖铁也要送儿子出国留学。"请说说，课文中的"砸锅卖铁"的具体内容是什么？

第二十九课 京剧脸谱侵权案

案情

记　者：李先生，您是这起京剧脸谱侵权案的主审法官，这个案子，涉及民间艺术知识产权的保护问题，现在社会上争论很大，有些问题想向您请教。

李先生：不用客气，请说。

记　者：先说说今天这个案子吧。赵先生在数年间打了数十场关于京剧脸谱著作权官司，大多胜诉，获得赔偿百余万，而且这样的起诉事件还在继续。如此频繁的起诉、胜诉，在著作权保护案例中，应该是史无前例的。

李先生：是这样，这是一个很特殊的个例。

记　者：为什么会出现这样的极个别的案例呢？

李先生：原因可能是多方面的。根据我国著作权法的有关规定，美术作品作为一种作品形式，应当受到法律的保护。京剧脸谱这种具有民间文学艺术特点的特殊的美术作品，是否应当受到我国著作权法的保护呢？对此问题，学术界和司法界也存在不同的意见。

记　者：我注意到了，这个问题，在今天的庭审中，争论也很激烈。

李先生：原告赵先生认为，他对《中国京剧脸谱》一书拥有著作权，被告某出版社未经许可，将其作品用于图书出版发行，侵犯了他的著作权，出版社理应承担民事赔偿责任。

记　者：赵先生的《中国京剧脸谱》我看过，他画脸谱与传统画法有很大不同，他使用工笔正面画法，具有无头饰、无髯口、人物端庄、着色自然等特点。该书出版后，为赵先生在京剧界和绘画界赢得了较高声誉。

李先生：是的。京剧是中国国粹，京剧脸谱，是京剧艺术的一个重要元素，但在漫长的岁月里，始终没有比较完备的书面记录的京剧脸谱，演员的化妆是由师徒传承而来。赵先生通过画笔把数百个历史人物的脸谱变成美术作品，对作品当然拥有著作权。

记　者：这么说赵先生是告对了？

李先生：被告代理人承认，被告书中的脸谱确实来源于原告编著的《中国京剧脸谱》一书。但他认为，脸谱具有程式化的特征和约定俗成的性质，属于民间艺术。原告的脸谱是对舞台脸谱的“描述”，不具独创性，戏曲脸谱不属于著作权保护的范围。

记　者：您刚才说，赵先生对《中国京剧脸谱》一书拥有著作权，而被告认为京剧脸谱属于民间艺术，这大概就是控辩双方分歧之所在了。

李先生：是，我们首先得承认，京剧脸谱，作为民间艺术瑰宝，是我国京剧艺术家在长达二百多年的艺术实践中创造出来的，是对特定戏剧历史人物面部特征的描述，是与戏剧历史人物具有唯一对应性的表现方式，任何人绘制京剧脸谱，演员表演画脸谱，都采用同一图样，否则将造成历史人物识别上的混乱。要是错了，社会和观众就不接受、不认同了。

记　者：有一首很流行的歌曲《唱脸谱》，歌中唱道：“外国人把那京戏，叫做北京opera，没见过那五色的油彩，愣往脸上画。”“哈，美极啦，妙极啦！”

李先生：黑脸儿包公，红脸儿关公，白脸儿曹公（操），哪一个画错了，弄得善恶不分，忠臣奸臣难辨，观众可要喝倒彩！

记　者：正因为京剧脸谱有漫长的形成过程和特殊的艺术特征，画过京剧脸谱的新老艺术家，数不胜数。早在赵先生出版《中国京剧脸谱》一书以前，台湾艺术家田先生在他的《京剧脸谱集》里，就有200余幅正面不加头饰的、不戴髯口

的京剧脸谱图。怎么能说，京剧脸谱属于某个人的呢？京剧有众多流派，总不能说梅派只属于祖师爷梅兰芳先生一个人，他的后人就不能唱了，唱了就是侵权吧？

李先生：被告方也持这样的观点。我也认为，原告赵先生绘制的京剧脸谱，只是对戏剧舞台上早已程式化、固定化了的人物脸谱的复制，虽然不是简单复制，但并不因此就享有对京剧脸谱的著作权和专有权。

记　者：那么，在今天您担任主审法官的庭审中，为什么赵先生还是胜诉了呢？

李先生：我们当然也有我们的理由。

记　者：法律是严肃的，总不能仁者见仁，智者见智吧！

李先生：当然不能见仁见智！

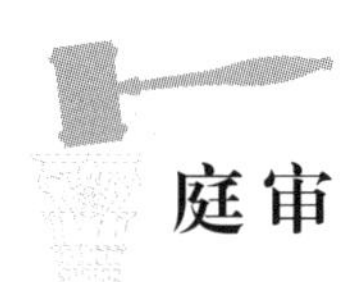

庭审

法院庭审中，赵先生的代理人要求法院依法判令被告停止侵害，在报纸显著位置刊登致歉声明，并且赔偿原告经济损失49560元以及其他合理支出费用10369.5元。庭审中，法庭将赵先生编著的《中国京剧脸谱》和被告出版的《戏曲年画与脸谱》一书进行了比对，《戏

曲年画与脸谱》使用了《中国京剧脸谱》中的208幅脸谱,其中有203幅脸谱完全相同,证实《戏曲年画与脸谱》一书中的脸谱,确实来源于原告编著的《中国京剧脸谱》一书。被告承认上述事实。在法庭辩论中,控辩双方展开了激烈辩论,辩论焦点是民间艺术和美术作品的著作权问题。法庭认为,虽然原告并不享有对该京剧脸谱的著作权,但原告将众多的京剧脸谱绘制成图书出版,这个过程绝不是简单的临摹和复制,其表现风格、对京剧脸谱的选择、编排,具有一定的独创性,对《中国京剧脸谱》一书享有汇编作品的著作权。被告未经作者允许,使用了该书,应该承担相应的侵权责任。由于被告的盈利和原告的损失均难以计算,综合涉案作品的性质、出版发行的数量、被告侵权作品对原告作品的影响等因素,确定被告应承担的赔偿数额。法院判决如下:被告立即停止发行、再版《戏曲年画与脸谱》一书,并且自行销毁尚未销售的《戏曲年画与脸谱》一书;自判决生效之日起10日内,被告一次性赔偿原告赵先生经济损失2.5万元,其中包括原告为制止侵权支出的合理费用;判决生效之日起10内,被告登报向原告赵先生致歉。

生词

1. 频繁	pínfán	*a.*	frequent
2. 史无前例	shǐ wú qián lì		unprecedented
3. 工笔	gōngbǐ	*n.*	meticulous; traditional Chinese realistic painting
4. 端庄	duānzhuāng	*a.*	with dignity
5. 着色	zhuó sè		coloration
6. 漫长	màncháng	*a.*	very long; endless
7. 传承	chuánchéng	*v.*	inherit

8. 约定俗成	yuē dìng sù chéng		accepted through common practice
9. 分歧	fēnqí	*n.*	disagreement; differences
10. 瑰宝	guībǎo	*n.*	treasure
11. 忠臣	zhōngchén	*n.*	official loyal to his sovereign
12. 奸臣	jiānchén	*n.*	treacherous official
13. 流派	liúpài	*n.*	sect; school
14. 祖师爷	zǔshīyé	*n.*	the founder of a sect
15. 临摹	línmó	*v.*	copy

练习

一、复述本课案情：

二、根据课文内容，回答下面的问题：

1. “中国京剧是中国国粹”，这是什么意思？你看过中国京剧吗？有什么感受？
2. 京剧有很多流派，脸上画“五色油彩”、“头饰”、“髯口”，你知道这些吗？
3. 京剧脸谱是一种什么艺术形式？在表演中起什么作用？你比较熟悉的京剧脸谱是哪几个？
4. 赵先生在数年间打了数十场关于京剧脸谱著作权官司，你认为他的行为是正当维权吗？为什么？
5. 课文所涉案件的起因是什么？
6. 赵先生的《中国京剧脸谱》有什么特点？赵先生对该书有著作权吗？为什么？
7. 被告对赵先生的指控是怎样辩驳的？你认为被告的辩驳有道理吗？
8. 双方的争论焦点是什么？为什么会出现这样的争论焦点？
9. 庭审判决的依据是什么？你认为是否理由充足？

三、根据课文内容，分角色模拟法庭辩论：

法官　原告代理律师　被告代理律师

四、课文里说把"黑脸儿包公，红脸儿关公，白脸儿曹公(操)，哪一个画错了，都会弄得善恶不分，忠奸难辨"，为什么？请说说你的理解。

五、阅读下文，然后回答问题：

1. "仁者见仁，智者见智"，语出中国古代一部经典著作《易经》，许多外国朋友很熟悉。"一阴一阳之谓道……仁者见之谓之仁，知(同"智")者见之谓之知，百姓日用而不知，故君子之道鲜矣。"这意思是说，天地万物都分为阴阳两面，如日月、昼夜、寒暑、阴晴、盈亏、圆缺、男女、君子和小人等等，万物就是在这种阴阳不断交替变化运动中发展的。而这种永不停息的变化规律就是"仁"。但"仁者"或者只看见"阴"或者只看见"阳"，都说是"仁"；"知者"或者只看见"阳"或者只看见"阴"，也都说是"知"，其实他们都没同时看见"阴阳"，都不全面。而普通老百姓天天看见"阴阳"变化却也不懂，现在懂得"阴阳"交替变化发展这个道理的人真是很少了啊。

   "见仁见智"是"仁者见仁，智者见智"的简单说法，现在常用的意思是：对同一事物，不同的人有不同的看法和意见。课文里说"仁者见仁，智者见智"，是什么意思？

2. 喝倒彩：在艺术表演或体育竞赛时，对精彩的表演欢呼、叫好，叫"喝彩"；对表演出现明显甚至重大错误，也欢呼、叫好，叫"喝倒彩"。课文里的"喝倒彩"是针对的什么事？你有过"喝彩"与"喝倒彩"的经历吗？你有什么感受？

第三十课 合资公司股权纠纷案

案 情

记　者：李律师，您是燃料集团总公司的法律顾问，你们与香港声辉投资有限公司的股权纠纷，经过一审，你们不服判决，提起上诉，现在二审也终结，您能谈谈审理过程吗？

李律师：这个过程，可谓山重水复，一波三折！

记　者：这话怎么说？

李律师：1992年燃料集团同亚泰公司，签订成立中外合资企业华通实业发展有限公司合同，约定投资比例各为50%。一年后，亚泰公司将其在合资企业的股份，占注册资本的50%，108万美元，全部转让给香港声辉。

记　者：哦，这就越过了一座山！

李律师：同年，香港声辉与燃料集团签订补充合同一份，约定投资比例各为55%和45%。

记　者：香港声辉成了大股东了。

李律师：又一年，双方签订协议书一份，约定合资兴建燃料交易市场，并共同投资兴建华通大厦；燃料集团保证香港声辉在该市场的投资每年回报率不少于30%。

记　者：两家联姻，移步换景，又开辟出一重新天地！

李律师：是啊，华通大厦建成后没几年，香港声辉向法院提起诉讼，要求燃料集团承担违约责任，并申请解除合资合同。

记　者：这听起来太突然了！华通大厦建成了，应该正是双方的蜜月期，怎么蜜月还没度完，就要劳燕分飞了？真成了时髦的“闪离”！为什么？

李律师：燃料集团将合资公司拥有的华通大厦，转让给另外一家股份公司管理，包括所有营业执照及财务账目，均归该公司掌管，造成合资公司无法正常经营，其行为直接损害了合资公司的权益，也间接损害了作为股东的香港声辉的权益。

记　者：香港声辉公司的具体诉求是什么？

李律师：香港声辉要求燃料集团按拟定外商租用该大厦每年支付2100万元，乘以香港声辉享有的55%股份，再乘以年数，计算补偿款，给予补偿。

记　者：那么一审法庭是怎么判决的呢？

李律师：一审法庭经审理认为，香港声辉只提供了外商拟租用华通大厦给燃料集团的书面通知和一份特快专递，不足以证明确有外商租用此大厦，更没有租金为每年2100万元证据，因此香港声辉的计算方法没有法律依据。

记　者：可是，燃料集团擅自转让经营管理权，确实间接损害了作为股东的香港声辉的权益，即知情权、股利分红权等各项合法权益！

李律师：燃料集团擅自转让经营管理权，造成损失的直接承受者是合资公司，而并非只是香港声辉，即使香港声辉代表合资公司行使诉讼权，诉讼所得赔偿的享有者应是合资公司，而非股东。

记　者：也许，香港声辉所主张的补偿款，其本意在于行使股利分红请求权呢？

李律师：盈余分配请求权，只是股东潜在持有的权利，只有当这些权利已经被具体化并独立成为债权性权力，股东才能实际行使。

记　者：那么怎么才能把这种潜在持有的权利变为现实呢？

李律师：根据《中外合资经营企业法》的规定，公司是否分配股利，分配多少股利，属于公司自治范畴，要通过召开董事会对盈余分配的议案作出决议，并确定了公积金的数额、偿还各项债务数额等后，才能得以现实化。

记　者：这么看来，香港声辉要实现诉求主张，是云山重重，有柳暗花明的可能吗？

李律师：依据中华人民共和国《公司法》、《民法通则》、《中外合资经营企业法》的有关规定，法院驳回香港声辉的诉讼请求。

记　者：香港声辉不服，所以上诉到更高一级的法院。

李律师：香港声辉认为，燃料集团的违约行为，直接侵害了香港声辉的合法权益，香港声辉行使的是合同的债权请求权，而不是股利分红请求权，燃料集团必须承担侵权责任。

记　者：香港声辉的这个申诉理由，能得到法庭支持吗？

李律师：好，我们就一起看看二审法庭的审理吧！

庭审

二审审理期间，香港声辉未提供新的证据。二审查明的事实与一审认定的事实一致。

燃料集团与香港声辉之间的合资经营合同合法有效。本案是双方当事人在履行中外合资经营合同中产生的纠纷。燃料集团在华通大厦建成后，未经香港声辉同意，擅自改变大厦用途并转让公司管理，直接侵害了香港声辉的合法权益，其行为已构成侵权，应承担侵权责任。香港声辉请求法院判令解除合资合同、并对合资企业进行清算。香港声辉的主张正确，原审法院已判令解除双方的合资合同，并判令双方在判决生效后30日内对合资企业依法清算。关于香港声辉主张的损失，即"华通大厦即使租赁也一定会产生利益"，该利益应计入合资企业的盈亏中，因此香港声辉请求的损失额，在合资企业未清算前，尚处于待定状态。综上所述，原判认定事实清楚，适用法律正确。依照《中华人民共和国民事诉讼法》的规定，判决如下：驳回上诉，维持原判。

生词

1. 转让	zhuǎnràng	*v.*	transfer
2. 联姻	liányīn	*v.*	marriage
3. 开辟	kāipì	*v.*	open up
4. 蜜月	mìyuè	*n.*	honeymoon
5. 时髦	shímáo	*a.*	fashionable
6. 闪离	shǎnlí		flash divorce
7. 掌管	zhǎngguǎn	*v.*	administer; be in charge of
8. 乘以	chéngyǐ	*v.*	multiplied by
9. 拟	nǐ	*v.*	intend; plan
10. 特快专递	tèkuài zhuāndì	*n.*	EMS
11. 承受	chéngshòu	*v.*	bear; undertake
12. 潜在	qiánzài	*a.*	potential
13. 议案	yì'àn	*n.*	proposal, motion; bill

练习

一、复述本课案情：

二、根据课文内容，回答下面的问题：

1. 燃料集团与香港声辉合资时，各占多少股份？后来股权发生了怎样的变化？
2. 燃料集团承诺，在华通大厦建成后，给香港声辉在该市场投资每年的回报率是多少？
3. 香港声辉为什么向法院提起诉讼？他的具体诉求是什么？
4. 香港声辉要求的补偿，为什么没有得到法院的支持？
5. 合资企业的权益和股东的权益有什么关联和区别？
6. 什么是股东潜在持有的权利？什么是债权性权力？各自在法律上有无效力？
7. 公司在什么条件下，才能分配股利，和决定分配多少股利？
8. 香港声辉一审诉求与二审诉求是否不同？有什么不同？
9. 二审法庭为什么驳回了香港声辉的上诉，维持原判？

三、根据课文内容，分解角色模拟法庭辩论：

法官　原告代理律师　被告代理律师

四、阅读下面的成语、俗语故事，然后回答问题：

1. "山重水复疑无路，柳暗花明又一村"，这是宋代著名诗人陆游的两句诗，意思是说，诗人到农村去访朋友，走过了一座山跨过一条河，又走过了一座山跨过一条河，意在山水之间走啊走啊，走着走着好像没有路了，突然，眼前出现了绿柳红花，真是美极了，原来又到了一个村庄。后来人们常用这两句诗形容遇到了困境好像没有出路，或遇到什么难题，好像无法解决，但突然出现某种机遇，很轻易地就走出了困境、解决了难题。

(1) 请结合课文内容,谈谈记者用这两句诗想表达什么意思?

(2) 你在生活中,遇到过"山重水复疑无路,柳暗花明又一村"的事吗?请举一个例子说明。

2. "劳燕分飞":中国有古诗《东飞伯劳歌》,开头两句是"东飞伯劳西飞燕,黄姑织女时相见"。伯劳、燕子,都是飞鸟;黄姑、织女,都是天上的星宿名字,即牛郎、织女星;牛郎、织女,是传说中一个爱情故事中的人物,他们飞到天上以后,被阻隔在银河的两岸,一年只能在鹊桥上见一次面。人们就用"东飞伯劳西飞燕,黄姑织女时相见"来比喻夫妻、情侣的别离与相思。现在人们常用"劳燕分飞"比喻彼此分手;企业联合,现在常说成"联姻",所以课文里用了"劳燕分飞"和"闪离"的比喻。

(1) 你知道牛郎和织女的故事吗?能讲讲吗?

(2) 课文里的"劳燕分飞"和"闪离"是什么意思?

3. "移步换景":原是"移步换形",意思是随着脚步的移动,地形、景物以及自己的姿态都在发生变化。比喻事物复杂,随时随地都在变动。在山里或公园里行走,常常会有这种感觉,没走几步,又是一样风景。请问课文里的这句话是指什么?

第三十一课　紫金山矿环境污染案

案情

学生：老师，这几天网上关于福建紫金山金铜矿环境污染事故，闹得沸沸扬扬，您看到了吗？

老师：我也注意到了。这是一起突发的重大环境事故，污水池中含铜、硫酸根离子的酸性废水外渗，污染了福建客家人的母亲河汀江，仅一个水库死鱼和鱼中毒就达378万斤，直接经济损失为3187.71万元。

学生：外界是怎么知道的呢？

老师：紫金矿业是一家上市公司，在事故发生九天后，紫金矿业的A股和H股，突然因“重要事项未公告”停牌，股民们才感觉到紫金矿业可能出事了。新华网、《上海证券报》、《中国青年报》相继发文，紫金山矿业公司这才召开新闻发布会，告白于天下。

学生：按有关规定，他们应该在事故发生的第一时间，就采取应急措施，并向上级主管部门报告，他们为什么没有这样做？而且两次渗漏，造成第二次污染？

老师：他们说，一开始以为这是个小问题、小事故，把事情想简单了，后来发现是大问题时，已经来不及了。

学生：这倒有可能，还不算是借口。可是作为一家上市公司，这样重大的突发事件，对上市公司证券及衍生品种交易价格，可能产生不可估量的影响，他们为什么不及时通知股民呢？

老师：公司称，7月3日发生渗漏事故，到了9日，相关专家也基本认定了事故原因，但当时已是周末，考虑到即使当天将公告传到上海股票交易所，因周末休市，公告也要到下周一才能公布，所以就拖至12日才公布。

学生：这还是犹抱琵琶半遮面，羞羞答答，忸忸怩怩。

老师：后来，公司有关负责人坦陈，未及时公布事故信息，是考虑到"维稳为重"，担心引起当地民众的恐慌。

学生："维稳为重"？就是媒体常说的维护社会的稳定？这不是掩耳盗铃吗？据报道，污染造成大面积鱼群死亡，渔民都失业在家，冷冷清清，凄凄惨惨，不知今后的日子怎么过！这也算是社会稳定，岂不是自欺欺人。

老师：这当然不是我们想要的"维稳"。这也正是肇事者受到更加严厉处罚的原因之一。

学生：依照《证券法》，上市公司未按照规定披露信息，或者所披露的信息有虚假记载、误导性陈述或者重大遗漏，是违反证券法律法规的。他们难道不知道，这种"维稳"，违反了《证券法》，是要受到惩罚的？

老师：他们是这么考虑的。他们说，我们当然知道"真实、准确、完整、及时地向所有投资者公开披露信息，是上市公司应当履行的法定义务"。但是，董事们经过慎重而痛苦的考虑，权衡利弊，认为宁可承担违规的风险，还是要以维稳大局为重。

学生：他们为什么这么惧怕老百姓？看来，他们对人民群众缺少起码的信任。

老师：你们说得很对。中国的老百姓是最善良、最讲道理的，也懂得依法办事。

学生：人民的态度，不能成为那些不法商人的挡箭牌。现在全球每年都要发生几起重大环境污染，人类的生存环境已经遭到严重破坏，这到底该由谁来负责？

老师：以牺牲环境为代价换取人类永远都不能满足的贪欲和享受，已经成了世界性的痼疾；而在中国，一些地方一味追求GDP和地方利益，更是不顾一切地违规违纪。

学生：这种社会发展模式，实在不可取。

老师：是的，现在人们的环境意识在逐渐增强，环境污染的肇事者必将受到越来越严厉的惩处。

学生：这个案子已经处理了吗？

老师：行政处罚，已经最终裁决；企业的三名高层管理人员，因涉嫌重大环境污染事故罪于案发十天后，被公安机关刑事拘留。我们来一起看看最后的行政裁决。

庭审

事故发生十天后，福建省环境保护厅（下面简称"省厅"）向紫金山矿业公司送达《行政处罚事先告知书》和《行政处罚听证告知书》。明确告知公司依法有权要求陈述申辩和听证。公司接到告知书后，向省厅提交了《陈述申辩书》，但未要求听证，对事件发生事实无异议，但对事件造成的鱼类死亡损失提出了异议。省厅经研究认为，国家工作组已经对该次事件导致的直接经济损失作出了认定。因此，对紫金山矿的异议理由，不予采纳。省厅提出了11项证据，包括环境监测站对紫金山金铜矿湿法厂泄漏溶液监测报告，省海洋与渔业厅提交的渔业专家调查组的《汀江流域污染事故造成鱼类死亡的调查报告》和市政府《汀江"7.3"事件经济损失统计》。省厅决定对紫金山矿作出如下行政处罚：1.责令采取治理措施，消除污染，直至治理完成；2.罚款人民币9563130元。如果不服本处罚决定，紫金山矿可以申请行政复议，也可以直接向人民法院提起行政诉讼。

生词

1. 突发	tūfā	*v.*	happen suddenly
2. 外渗	wàishèn	*v.*	leakage; infiltrate
3. 告白	gàobái	*v.*	a public notice
4. 应急	yìngjí	*v.*	meet an emergency
5. 坦陈	tǎnchéng	*v.*	frankly stated
6. 凄惨	qīcǎn	*a.*	miserable
7. 肇事	zhàoshì	*v.*	caus trouble
8. 遗漏	yílòu	*v.*	miss
9. 权衡	quánhéng	*v.*	weigh up; balance
10. 大局	dàjú	*n.*	general situation
11. 牺牲	xīshēng	*v.*	sacrifice
12. 贪欲	tānyù	*n.*	lust; avarice
13. 痼疾	gùjí	*n.*	chronic illness
14. 模式	móshì	*n.*	mode; pattern

练习

一、复述本课案情：

二、根据课文内容，回答下面的问题：

1. 为什么说，紫金山矿业酸性废水泄漏，是一起重大环境事故？
2. 事故发生后，外界是怎么知道的？
3. 事故发生后，不少肇事单位都瞒报、迟报甚至根本不报，你对此有什么看法？
4. 事故发生后，紫金矿业公司为什么不及时报告？你认同他们陈述的理由吗？

5. 什么是上市公司？上市公司对股民有怎样的义务？如果不履行义务，将受到怎样的处罚？
6. 发生环境污染的肇事单位或个人，将承担怎样的民事或刑事责任？
7. “保持、维护社会稳定”是一个重大社会命题，你认为，这同社会和经济持续、高速发展，有什么关系？作为一个企业家，应该怎样在实践中回答这个命题？
8. 什么是GDP？GDP的数字统计与国家经济实力和社会财富，有怎样的关系？
9. 有一种说法，科学技术的发展，给人类带来幸福，同时也给人类带来灾难，你认同这种看法吗？能举例说明吗？科学技术的发展，为什么会成为一把双刃剑？
10. 越来越多的人意识到，以牺牲环境为代价换取社会发展的模式不可取，你在这方面的经历或认识与大家分享一下。
11. 作为一个企业家，在环境保护方面，应该承担怎样的责任和义务？

三、根据下文回答问题：

1. 相传大约在公元4世纪时，黄河流域一带的一部汉族人民，因为战乱迁徙到长江以南的广大地区定居，自称客家人，现在在广东、福建，客家人最为集中。课文中说，汀江是福建客家人的“母亲河”，这是什么意思？你知道，中国人民的“母亲河”是中国的哪一条河吗？
2. “犹抱琵琶半遮面”，是唐代著名诗人白居易的一首诗《琵琶行》中的诗句。《琵琶行》是写诗人的浔阳（现在的江西九江）做官时，在一个秋天，到江上送客，听到 邻船有琵琶声，白居易请弹琴人出来相见，“千呼万唤始出来，犹抱琵琶半遮面。转轴拨弦三两声，未成曲调先有情。弦弦掩抑声声思，似诉平生不得意。”原来，这是一个从京城漂泊到江南的曾经红极一时的艺人。“相逢何必曾相识，同是天涯沦落人”，诗人想到了自己的身世。

(1) “千呼万唤始出来，犹抱琵琶半遮面。”和“相逢何必曾相识，同是天涯沦落人。”在白居易的诗里是什么意思？

(2) 课文里说的“犹抱琵琶半遮面”，显然是一个比喻，它要表达的是什么意思？

四、下面是一段改写过的浅近文言文，阅读后回答问题：

“有盗钟者，欲背而走，钟大，不能，以椎破之，钟声轰轰然，恐人闻而夺之，遂掩其耳。”“若人不知，则鬼神知之；鬼神已知之；而云不知，是盗钟掩耳之智也。”

1. 翻译这段话，并说明这个小故事的含义。

2. “盗钟掩耳”，后来用作“掩耳盗铃”，在课文里表达的是什么意思？

第三十二课　委托创作合同纠纷案

案情

记者：无锡电视台电视连续剧《红楼丫头》，刚封镜，竟是风乍起，吹皱一池春水，一时成了街谈巷议的热门话题，还惹出了官司。

法官：这不奇怪，众口难调嘛！《红楼梦》是部经典，以《红楼梦》为题材改编的各类艺术作品，一直都是以林黛玉、贾宝玉为主角，现在电视剧《红楼丫头》以书中的丫头为主角，自然会引起大家关注；至于文学艺术界的官司，也是屡见不鲜的事了。

记者：像《红楼丫头》这样，先是编剧版权纠纷，现在又是音乐制作争讼，还是比较少见。

法官：其实，有些事做得周到一点，多沟通一下，一些官司也就可以避免了。

记者：上海创星文化艺术经纪有限公司与音乐制作人陈先生的案子，今天刚刚审理终结，他们之间产生了什么纠纷，不能沟通，非要闹上法庭？

法官：这得从头说起。无锡电视台《红楼丫头》摄制组（甲方）与创星公司（乙方）签订了一份《协议书》，约定甲方委托乙方负责《红楼丫头》全部音乐制作工作，含主题音乐、情感音乐、片首歌、片尾歌、插曲等所有音乐。

记者：双方的权利与义务是什么？

法官：乙方享有完全制作权。甲方同意该剧采用乙方制作完成的，并获得导演及制片人首肯的片首歌及片尾歌；乙方及歌手、词曲作者等姓名，必须在该剧每集片尾字幕中出现。该剧音乐版权属双方共有，各占50%；该剧音乐版权可独立转让。甲方拥有所有音乐在该剧中的使用权，乙方拥有音乐衍生产品的制作销售权。双方还对音乐制作质量作了约定。

记者：这都是常规条款，对双方签约不会有任何障碍。

法官：双方都不是第一次签订这样的合同，老马识途，轻车熟路。

记者：制作费是多少？怎么付费？

法官：音乐制作费人民币12万元，签约后支付定金人民币3万元，20天后再支付人民币7万元，待乙方制作的音乐获得甲方通过后，付清余款。

记者：创星公司是一家文化经纪公司，所以他们找了专门从事音乐制作的第三方。

法官：是，他们找到了陈先生。就在他们得到无锡电视台《红楼丫头》摄制组第二笔款之后，他们同陈先生签订了《音乐制作合同》。

记者：他们的合同是怎么签的？有什么特别吗？

法官：王先生是创星公司的董事长，他代表公司（乙方）与陈先生（甲方）签约，约定由陈先生负责电视剧《红楼丫头》的作曲和音乐的全部制作，包含主题音乐、情感音乐、片首歌、片尾歌、插曲等所有音乐。甲方享有作曲署名权，乙方享有完全版权。

记者：音乐制作费双方是怎么约定的？

法官：按电视剧每集制作费人民币6,000元计算，共计12万元，签约时支付定金人民币1万元，歌手进录音棚录音时支付人民币5万元，全部音乐作品乙方通过后付清余款。违约者赔偿对方损失人民币12万元。

记者：双方对所有这些条款有争议吗？

法官：没有争议，不仅顺利签约了，陈先生还依约按时完成了音乐制作任务，而且该音乐已为被接受并在电视剧中使用。

记者：这么说来，涉案三方应该是皆大欢喜，怎么又闹上法庭了呢？

法官：我前面说的，有些事做得周到一点，多沟通，官司也就可以避免了。依我看，问题就出在这个环节。

记者：为什么呢？

法官：创星公司称，陈先生在履约过程中，绕开他们直接与剧组联系，擅自变更歌手，未依约与其共同录制音乐。创星公司认为陈先生没有履行合同义务，所以签约后，他们依约向陈先生支付了定金人民币1万元，在其后又支付了人民币7万元，余款不再依约支付。

记者：看来中间是出了点岔子，鼓不敲不响，话不说不明，亡羊补牢，沟通一下好了。

法官：我想双方肯定是协商过，看来是没有成功。

记者：终于是对簿公堂，法院怎么判了？

法官：看看庭审吧！

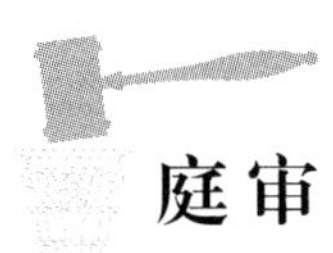

庭审

法庭当庭播放了无锡电视台录制的电视剧《红楼丫头》VCD，该剧片尾字幕显示音乐作曲、演唱者、音乐录音者，都与双方签订的合同要求一致；鸣谢单位中也有创星公司的企业名称。法庭认为，原、被告的争议焦点有两个。第一个是与原告签订合同的主体是否两个被告，即王先生和创星公司。原告认为，合同上有王先生的签名，且其履行合同的过程都是与王先生联系，故王是合同当事人，而创星公司是合同的乙方，故二者都是合同主体，都应当是被告。但王先生是创星公司的董事长，而签约时，原告也确认被告王先生是创星公司的法定代表人，法定代表人对外代表公司签订合同并履行合同，当属职务行为。法庭认为，王先生不是合同当事人，故亦不存在承担合同责任的问题。第二个争论焦点是，当事人是否按约履行了合同义务。创星公司虽然认为原告没有向其交付作品，也没有与其共同完成录制，但是创星公司却在歌手进棚录音前向原告支付了人民币8万元。根据合同约定，这应当视为对原告的履约行为予以认可，此后原告创作的音乐已经实际使用于电视剧，并为剧组所认可。法庭据此认为，原告履行了合同义务，被告创星公司理应足额支付余款。原告的合同义务虽可视为履行但并不适当。根据合同，被告应该在收到并认可音乐制品之后，方才承担支付余款的义务。由于原告尚未提交证据证明其已将完成的全部音乐制品直接交付给了被告创星公司，故原告请求被告创星公司承担人民币12万元违约金的诉求，缺乏依据，本院难以支持。依照《民事诉讼法》和《合同法》的规定，判决如下：一、被告上海创星文化艺术经纪有限公司于本判决生效之日起10日内向原告陈受谦支付报酬人民币4万元；二、原告陈先生的其余诉讼请求不予支持。

生词

1. 封镜	fēngjìng	*v.*	finish filming
2. 热门	rèmén	*a.*	popular; in great demand
3. 话题	huàtí	*n.*	topic; subject
4. 经典	jīngdiǎn	*n.*	classic
5. 题材	tícái	*n.*	theme; subject matter

6. 改编	gǎibiān	*v.*	adapt
7. 屡见不鲜	lǚ jiàn bù xiān		frequent; commonplace
8. 字幕	zìmù	*n.*	subtitle; caption
9. 录音棚	lùyīnpéng	*n.*	recording studio
10. 皆大欢喜	jiē dà huānxǐ		to the satisfaction of all
11. 环节	huánjié	*n.*	link
12. 岔子	chàzi	*n.*	fault
13. 鸣谢	míngxiè	*v.*	express gratitude; acknowledgement

练习

一、复述本课案情：

二、根据课文内容，回答下面的问题：

1. 创星公司是一家文化经纪公司，你对这种性质的公司了解吗？请简单说说。
2. 无锡电视台《红楼丫头》摄制组与创星公司协议的内容是什么？
3.《协议》对双方的权利与义务是怎样约定的？
4. 创星公司为什么同陈先生签订《音乐制作合同》？主要目的是什么？
5. 创星公司和陈先生是否履行了合同？中间出了什么岔子、终于闹上了法庭？
6. 法官说，“有些事做得周到一点，多沟通一下，一些官司也就可以避免了。”本课文中的涉案双方，是否可以通过沟通解决争议？
7. 法庭为什么认为，创星公司的王先生不是被告？
8. 法庭为什么认为，创星公司应当承担支付余款的义务？
9. 陈先生的什么诉求没有得到法庭支持？为什么？

三、下面的一组词，只有一个词的注音完全正确，请改正错误的注音，然后试解释一下词义：

沸沸扬扬(fúfú yángyáng) 主角(zhǔjiáo) 肇事(zhàoshì)

街谈巷议(jiē tán gàng yì) 众口难调(zhòng kóu nán diào)

忸忸怩怩(chóu chóu nī nī) 屡见不鲜 (lǒu jiàn bù xiān)

四、阅读下面的成语、俗语故事，然后回答问题：

1. “风乍起，吹皱一池春水”，这是南唐·冯延巳《谒金门》词中的名句。字面意思是，突然刮来一阵微风，把本来平静的一池子春水吹起了细小的波澜。据说有一天，南唐(937—975)皇帝李璟同大臣冯延巳闲话，李璟取笑冯延巳，说：“‘吹皱一池春水’，干卿何事？”意思是说，风“吹皱一池春水”，与你有什么相干？其实，冯延巳的那首词，是描写一个女子在春天迷人景色中的一种感情，就像一阵风吹来，心中很不平静，起了波澜。所以“风乍起，吹皱一池春水”，后人就常常用作比喻，比喻人的心情，也比喻某种环境、局面因外来因素而引起了动荡。请说说这句词在课文中比喻的是什么？
2. “众口难调”，本义是说各人的口味不同，很难作出适合每一个人口味的饭菜。后用来比喻，做一件事很难让所有的人都满意，或比喻大家意见分歧太大，很难协调一致。说说课文里“众口难调”是指什么事情？为什么会出现课文里所说的“众口难调”的现象？
3. “亡羊补牢”：“亡”，逃跑、丢失。“牢”，羊圈。原来完整的句子是“亡羊补牢，未为迟也。”意思是羊跑丢了，找不回来，没有关系，现在把羊圈修补好，还来得及，可以避免以后再丢羊。后来比喻做什么事出了问题或造成了损失，只要赶快采取措施，也许还能补救，或避免再次发生类似事件。课文里说的“亡羊补牢”是说的什么事情？你有“亡羊补牢”这样的经验体会吗？

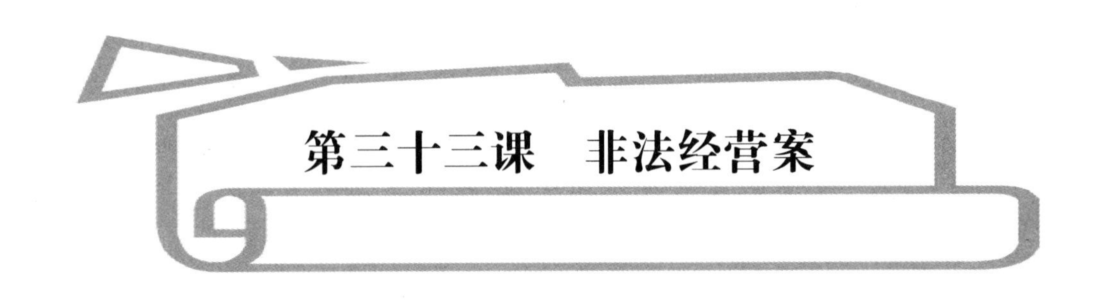

第三十三课　非法经营案

案情

记者：先生，您作为被告的辩护律师，在三次审理的法庭上，你都作了无罪辩护，可最后你的委托人仍然判了刑。请问，你对此有什么看法？

律师：法律是公正的，我只是尽了一个律师的责任，我的辩护，有的也得到了法庭的支持。

记者：能举一个例子吗？

律师：比如是单位犯罪还是自然人犯罪。

记者：我注意到了，公诉机关起诉的是香港利英公司和他的董事长D和董事X，以及深圳一家工业公司。

律师：我的委托人X、D以他们在内地设立的私人企业利英化纤等公司（张家港）的名义，与深圳市某工业公司签订《代理进口合同》，委托工业公司代理其进口货物，要求工业公司开出以香港利英公司为受益人的美元信用证。

记者：在取得信用证后，到当地银行兑付，这是所有外贸的正常业务啊。

律师：是。然而公诉机关指控，两家公司违反外贸规定，触犯了法律。

记者：那是怎么回事？

律师：公诉机关指控，利英（张家港）化纤公司等公司违反有关外贸代理业务的规定，由被代理方自带客户、自行组织货源、自行报

关，并在履行合同中不见货物就开具货物收据，放任被代理方在无贸易背景下，议付信用证项下的国家外汇。

记者：这就是说，所开出的信用证完全是非法的？问题严重吗？

律师：经查证，X、D提交给工业公司用于外汇核销的海关报关单有38份是虚假的，相对应的信用证14张，相对应的外汇是18,076,994美元。

记者：1800多万美元？公诉机关有确凿证据吗？

律师：经过当庭质证，其中有5份信用证，公诉机关没有向法庭提供证据，法庭未予认定。

记者：事实已经很清楚了，您为什么还作无罪辩护呢？

律师：我的委托人X、D是实力雄厚的合法商人，在大陆投资设立了十几家工厂和公司，总投资额十几个亿，经营十几年来，在各地都是利税大户，他们绝不可能为了区区几千万元的蝇头小利，而放弃自己在大陆的十几个亿的资产。

记者：我以为这不能成为X、D不犯罪的理由。商人的本性就是赚钱，那是韩信将兵，多多益善！哪里听说商人有赚钱赚够了、满足了的时候？

律师：我不敢苟同！我以为，那是利英香港公司利用信用证形式进行融资。

记者：您为什么这样认为？

律师：利英香港公司有充足的外汇储备和稳定的外汇收入，公司在大陆投资兴办的企业，投资资金全是用美元，大部分企业的产品用于出口，因此，无骗购外汇的必要。

记者：还有呢？

律师：利英公司因资金运转的需要，深圳工业公司则既可以赚取代理费，又可以通过使用美元而保持其外汇额度，因而双方在互惠互利的基础上合作，其行为无疑是双方都清楚的。而利用信用证形式进行融资的行为，在很多国家都是合法的。D作为香港居民，不了解大陆的法律，因而主观上不存在骗购的故意。

记者：法庭采信您的这种辩护吗？

律师：很遗憾，没有。

记者：真的假不了，假的也真不了。虚假的报关单，货物虚假进口，非法开立信用证，违反国家外汇管理规定，这些事实恐怕难以辩护！

律师：辩护律师，只能尽力维护委托人的合法权益，当然不能凭借三寸不烂之舌，指鹿为马，洗黑为白。

记者：那么，经过三审，法院最后的判决是什么？

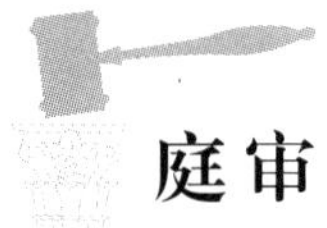

庭审

一审法院判决：一、被告人X犯合同诈骗罪，判处无期徒刑，剥夺政治权利终身，并处没收个人全部财产。被告人D犯合同诈骗罪，判处有期徒刑15年，并处没收个人全部财产。二、被告单位深圳市某工业公司无罪。三、继续追缴被告人X、D骗取的赃款人民币46107231.13元，退还被害单位深圳市某工业公司。被告不服，提起上诉，理由是：一、对利英张家港公司未经立案、侦查和提起公诉的程序，即由法院认定构成单位犯罪，剥夺了利英张家港公司依法应当享有的诉讼权利，严重违反了法定程序；二、被告人D、X与被告单位工业公司之间是融资关系，双方对此都是明知的，不存在谁骗谁的问题，定性错误。二审法院依法审查后认为，原审判决认定X、D犯合同诈骗罪事实不清、证据不足，适用法律不当，该判决确有错误，决定撤销一审判决，发回重审。深圳市某人民法院再次审理此案，组成新的合议庭。辩护律师再次作了无罪辩护。此次辩护，着重指出：一、本案中D的行为属于职务行为，不应作为自然人犯罪处理。二、D主观上无骗购外汇的动机和目的，客观上未实施骗购外汇的行为，因而，不构成骗购外汇的非法经营罪。深圳市某人民法院判决认为，被告单位工业公司在签订履行经济合同过程中，违反外贸管理规定，以虚假的贸易向外汇指定银行申请，将外汇汇付至境外，使利英公司议付了工业公司以信用证方式垫付的货款，从而获得巨额的非法收入，公诉机关指控工业公司的行为构成非法经营罪，罪名成立。被告人X开办的利英公司在与工业公司履行合同过程中，采用非法手段伪造相关的票据，议付信用证项下的款项，构成非法经营罪的共犯，利英张家港公司构成单位犯罪，公诉机关未追究利英张家港公司单位犯罪的刑事责任有误，本院予以纠正。根据关于审理骗购外汇、非法买卖外汇刑事案件和《刑事诉讼法》的有关规定，判决如下：一、被告人单位深圳市某工业公司犯非法经营罪，免予刑事处罚；被告人X犯非法经营罪，判处有期徒刑6年，并处罚金人民币100万元；被告人D犯非法经营罪，判处有期徒刑4年零10个月，并处罚金人民币100万元。

生词

1. 货源	huòyuán	*n.*	source of goods; commodity supply
2. 放任	fàngrèn	*v.*	indulge
3. 实力	shílì	*n.*	strength
4. 雄厚	xiónghòu	*a.*	strong; abundant
5. 背景	bèijǐng	*n.*	background
6. 大户	dàhù	*n.*	large and influential entity
7. 区区	qūqū	*a.*	trivial

8. 蝇头小利	yíngtóu xiǎo lì		small profit
9. 本性	běnxìng	*n.*	nature
10. 苟同	gǒutóng	*v.*	agree without giving serious thoughts
11. 储备	chǔbèi	*v.*	reserve
12. 互惠互利	hù huì hù lì		reciprocal and mutually beneficial
13. 动机	dòngjī	*n.*	motive; motivation
14. 实施	shíshī	*v.*	carry out

练习

一、复述本课案情：

二、根据课文内容，回答下面的问题：

1. 无罪辩护和有罪辩护，有什么不同？
2. 企业法人和自然人的身份有什么不同？在法律上的责任和义务有什么不同？
3. 辩护律师为什么要为被告人X开办的利英公司作单位犯罪而不是自然人犯罪的辩护？
4. 作为外贸代理公司，如何为客户代理外贸业务？为什么说利英（张家港）化纤等公司办理深圳某工业公司的进口业务违反了有关规定？
5. 涉案非法开立的信用证是多少张，相对应的外汇不多少？
6. 涉案汇出境外的外汇，为什么属于骗购外汇和非法买卖外汇？
7. 被告辩护律师在法庭上所作无罪辩护，哪些得到了法庭支持？而哪些没有得到法庭支持？
8. 二审法庭为什么撤销了一审判决，发回重审？
9. 三审法庭的判决与一审判决有哪些相同与不同？
10. 你对中国外汇管理法规有哪些了解？你在中国遇到过这方面的问题吗？请说说是什么？

三、试解释下面的词语，然后选择适当的词语填空：

违反　　违犯　　触犯　　违背

1. 你的行为，________了商人守信的基本道德。
2. 骗购外汇和非法买卖外汇，将________中华人民共和国的法律。
3. 他上班总是迟到早退，________了职工劳动手册的有关规定。
4. 限制公民的人身自由，是________宪法的行为。

四、下面是一段改写后的浅近文言文，阅读后回答问题：

秦朝灭，汉兴。汉王大将军韩信屡建奇功，汉王恶其能，人告信反，于是信被擒。一日，汉王与信谈论诸将能与不能，信答曰："各不相同。"汉王问："如我，能领军几何？"信曰："不过十万兵。"问："你能统领多少？"答："臣多多益善！"汉王笑曰："多多益善，何以为我所擒？"信曰："大王不能将兵，而善将大将，所以信被大王擒。""韩信将兵，多多益善"的成语即从这个故事来。

1. 请讲讲这个故事。"韩信将兵，多多益善"是什么意思？
2. 课文里用"韩信将兵，多多益善"，显然是一个比喻，比喻的是什么？

五、阅读下面的成语、俗语帮事，然后回答问题：

秦始皇死后，他的儿子继位，称二世，丞相赵高欲造反篡权，惧怕群臣不服，于是想测试一下群臣的态度。一天，他牵来一头鹿，对秦二世说："这是一匹马。"秦二世笑着说："丞相错了，把鹿说成是马了。"问左右大臣，有的沉默不语，有的说是马，有的说是鹿。后来说是鹿的人都被赵高害死了，大臣们从此都十分惧怕赵高。

课文里说，律师"不能凭借三寸不烂之舌，指鹿为马，洗黑为白"。"三寸不烂之舌"，意指人巧于言谈，善于雄辩，能讲出令人信服的道理。但作为律师，即使有这样的才能，也不能"指鹿为马，洗黑为白"。请问在课文里律师要表达的是什么意思？

生词总表

A

哀求	āiqiú	*v.*	implore	2
暧昧	àimèi	*a.*	ambiguous; having an affair	7
谙熟	ānshú	*v.*	be proficient in	25

B

白热化	báirèhuà	*v.*	intense; turn white-hot	14
百感交集	bǎi gǎn jiāojí		have mixed feelings	23
百姓	bǎixìng	*n.*	common people	16
版权	bǎnquán	*n.*	copyright	9
保障	bǎozhàng	*v.*	safeguard; ensure	11
报到	bàodào	*v.*	report for duty	18
备案	bèi àn		record	4
背景	bèijǐng	*n.*	background	33
背离	bèilí	*v.*	deviate; depart	25
本土	běntǔ	*n.*	native country; mainland	23
本性	běnxìng	*n.*	nature	33
避税	bì shuì		evade tax	3
贬值	biǎnzhí	*v.*	depreciate	22
辩称	biànchēng	*v.*	argue	5
标识	biāozhì	*n.*	mark or proof (of identity)	11
飙升	biāoshēng	*v.*	rise quickly; rocket	3

憋屈	biēqu	*a.*	depressed; dejected	1
薄弱	bóruò	*a.*	weak	17
不菲	bùfěi	*a.*	not a small sum	22
不翼而飞	bú yì ér fēi		miss; disappear	14
部署	bùshǔ	*v.*	deploy	20

C

裁决	cáijué	*v.*	verdict	1
采信	cǎixìn	*v.*	adopt	2
残忍	cánrěn	*a.*	cruel	7
仓皇	cānghuáng	*a.*	in panic	15
操心	cāo xīn		worry	21
查封	cháfēng	*v.*	seal up	4
查询	cháxún	*v.*	inquiry	4
岔子	chàzi	*n.*	fault	32
拆借	chāijiè	*v.*	lend; short-term loan	28
撤离	chèlí	*v.*	pull out	4
尘埃	chén'āi	*n.*	dust	10
陈旧不堪	chénjiù bù kān		timeworn	7
陈述	chénshù	*v.*	state; give account	2
承办	chéngbàn	*v.*	undertake	6
承受	chéngshòu	*v.*	bear; undertake	30
乘虚而入	chéng xū ér rù		get in through the crack	20
乘以	chéngyǐ	*v.*	multiplied by	30
程序	chéngxù	*n.*	procedure	25
迟钝	chídùn	*a.*	slow; obtuse	14
持续	chíxù	*a.*	continuous; persistent	5
筹集	chóují	*v.*	manage to collect	26
出勤	chū qín		attendance	18
初衷	chūzhōng	*n.*	the original intention	1

储备	chǔbèi	*v.*	reserve	33
触目惊心	chù mù jīng xīn		shocking; startling	20
传承	chuánchéng	*v.*	inherit	29
传唤	chuánhuàn	*v.*	summon to court	6
传奇	chuánqí	*n.*	legend	13
串通	chuàntōng	*v.*	gang up; collude	3
创伤	chuāngshāng	*n.*	wound	8
辞呈	cíchéng	*n.*	written resignation	18
刺激	cìjī	*v.*	stimulate	2
刺激	cìjī	*a.*	stimulating	24
窜升	cuànshēng	*v.*	rocket; rise quickly	13
错综复杂	cuòzōng fùzá		complex	17

D

大处方	dàchǔfāng	*n.*	irrational prescription	25
大户	dàhù	*n.*	large and influential entity	33
大局	dàjú	*n.*	general situation	31
大手大脚	dà shǒu dà jiǎo		wasteful	21
当事人	dāngshìrén	*n.*	litigant; person concerned	3
捣毁	dǎohuǐ	*v.*	destroy	17
盗版	dào bǎn		piracy	5
得手	dés hǒu		succeed; come off	14
抵消	dǐxiāo	*v.*	cancel out	4
抵押	dǐyā	*v.*	mortgage	4
东挪西借	dōng nuó xī jiè		borrow all around	21
动机	dòngjī	*n.*	motive; motivation	33
督办	dūbàn	*v.*	supervise	17
赌徒	dǔtú	*n.*	gambler	13
端庄	duānzhuāng	*a.*	with dignity	29
对簿公堂	duìbù gōngtáng		face court action	21

咄咄逼人	duōduō bī rén		aggressive; overbearing	23

E

额度	édù	*n.*	specified amount	18
恶劣	èliè	*a.*	bad; abominable; disgusting	19

F

发布	fābù	*v.*	release	9
发挥	fāhuī	*v.*	bring into play	16
繁华	fánhuá	*a.*	bustling	17
反驳	fǎnbó	*v.*	refute; retort	5
泛滥	fànlàn	*v.*	flood; run wild	12
范畴	fànchóu	*n.*	category	8
访谈	fǎngtán	*v.*	interview	25
放任	fàngrèn	*v.*	indulge	33
非同凡响	fēi tóng fánxiǎng		exceptional; extraordinary	23
分歧	fēnqí	*n.*	disagreement; differences	29
风光	fēngguāng	*a.*	fame	13
封镜	fēngjìng	*v.*	finish filming	32
疯狂	fēngkuáng	*a.*	crazy; insane	12
浮出	fúchū	*v.*	surface; become obvious after having been hidden for a while	17
抚平	fǔpíng	*v.*	heal	8
付之一炬	fù zhī yí jù		burn; commit to the flames	2
复议	fùyì	*v.*	review	10
覆盖	fùgài	*v.*	cover; overlay	27

G

改编	gǎibiān	*v.*	adapt	32
概念	gàiniàn	*n.*	concept	27

干扰	gānrǎo	*v.*	interfer; disturb	4
干系	gānxì	*n.*	responsibility; implication	7
告白	gàobái	*v.*	a public notice	31
更改	gēnggǎi	*v.*	change; alter	24
工笔	gōngbǐ	*n.*	meticulous; traditional Chinese realistic painting	29
公证处	gōngzhèngchù	*n.*	notary office	5
公职	gōngzhí	*n.*	public employment	15
功能	gōngnéng	*n.*	function	27
攻守同盟	gōng shǒu tóngméng		a pact to shield each other	7
供认不讳	gòngrèn bú huì		confess; acknowledge	7
勾结	gōujié	*v.*	collude	20
苟同	gǒutóng	*v.*	agree without giving serious thoughts	33
骨肉	gǔròu	*n.*	flesh and blood; child	21
故障	gùzhàng	*n.*	fault; malfunction	8
痼疾	gùjí	*n.*	chronic illness	31
关张大吉	guān zhāng dàjí		closing down	28
惯常	guàncháng	*a.*	usual	5
瑰宝	guībǎo	*n.*	treasure	29
过度	guòdù	*a.*	over; excessive	25
过瘾	guòyǐn	*a.*	enjoy oneself to the full	2

H

豪赌	háodǔ	*v.*	unrestrained gambling	13
耗费	hàofèi	*v.*	spend; consume	23
和谐	héxié	*a.*	harmony	26
赫然	hèrán	*a.*	impressive; sudden	8
痕迹	hénjì	*n.*	trace	24
红包	hóngbāo	*n.*	secret bribe (red envelope)	25
呼吁	hūyù	*v.*	appeal	25

互惠互利	hù huì hù lì		reciprocal and mutually beneficial	33
划拨	huàbō	*v.*	transfer	11
话题	huàtí	*n.*	topic; subject	32
环节	huánjié	*n.*	link	32
荒诞	huāngdàn	*a.*	absurd; incredible	7
挥霍	huīhuò	*v.*	squander; spend freely	26
辉煌	huīhuáng	*a.*	splendid; brilliant	28
回避	huíbì	*v.*	evade	1
浑然不知	húnrán bù zhī		unaware	25
混乱	hùnluàn	*a.*	chaotic; orderless	28
货源	huòyuán	*n.*	source of goods; commodity supply	33

J

积累	jīlěi	*v.*	accumulate	22
绩效	jìxiào	*n.*	performance	18
极端化	jíduānhuà	*v.*	go to extremes	1
急功近利	jí gōng jìn lì		be eager for instant success and quick profits	16
集资	jí zī		raise funds	26
计酬	jìchóu	*v.*	calculate payment	18
假释	jiǎshì	*v.*	parole; free a prisoner on probation	26
嫁祸于人	jià huò yú rén		shift the charge onto somebody else	7
奸臣	jiānchén	*n.*	treacherous official	29
坚持不懈	jiānchí bú xiè		unremitting	25
艰辛	jiānxīn	*a.*	hardship	9
监控	jiānkòng	*v.*	monitor	12
兼容	jiānróng	*v.*	compatible	18
交锋	jiāofēng	*v.*	engage in a battle	9
焦点	jiāodiǎn	*n.*	focal point	9
教训	jiàoxùn	*n.*	lesson	4

皆大欢喜	jiē dà huānxǐ		to the satisfaction of all	32
接触	jiēchù	*v.*	contact	14
揭露	jiēlù	*v.*	expose	10
解除	jiěchú	*v.*	relieve; terminate	18
介入	jièrù	*v.*	intervene	12
津贴	jīntiē	*n.*	allowance	25
经办	jīngbàn	*v.*	handle	22
经典	jīngdiǎn	*n.*	classic	32
警示	jǐngshì	*v.*	warn	8
竞业禁止	jìngyè jìnzhǐ		prohibition of business strife	22
敬业	jìngyè	*a.*	dedicated	22
纠缠	jiūchán	*v.*	entangle	1
纠纷	jiūfēn	*n.*	dispute	1
拘禁	jūjìn	*v.*	detain	5
拘泥	jūnì	*v.*	rigidly adhere to	21
局外人	júwàirén	*n.*	outsider	15
举报	jǔbào	*v.*	report, denounce	10
举证	jǔzhèng	*v.*	provide evidence	2
决策	juécè	*v.*	make a decision	13
绝情	juéqíng	*a.*	heartless; cruel	21

K

开辟	kāipì	*v.*	open up	30
开发	kāifā	*v.*	develop	24
考核	kǎohé	*v.*	assessment	18
可乘之机	kě chéng zhī jī		opportunity	14
可观	kěguān	*a.*	considerable	28
客源	kèyuán	*n.*	potential customers	16
空虚	kōngxū	*a.*	blank; void	7
恐慌	kǒnghuāng	*a.*	fear	19

口径	kǒujìng	*n.*	statement; voice	7
口实	kǒushí	*n.*	excuse; pretext	8
扣押	kòuyā	*v.*	detain	21
旷日持久	kuàng rì chíjiǔ		protracted	2
扩散	kuòsàn	*v.*	spread; diffuse	22

L

来势汹汹	láishì xiōngxiōng		bear down menacingly	23
赖以生存	lài yǐ shēngcún		depend on it for survival	19
揽存	lǎncún	*v.*	solicit	28
联姻	liányīn	*v.*	marriage	30
了断	liǎoduàn	*v.*	settle	8
猎物	lièwù	*n.*	prey	15
临摹	línmó	*v.*	copy	29
领域	lǐngyù	*n.*	field; realm	19
流落街头	liúluò jiētóu		living on the streets	21
流派	liúpài	*n.*	sect; school	29
流失	liúshī	*v.*	be washed away	17
龙头老大	lóngtóu lǎodà		magnate; big shot	23
漏税	lòu shuì		not paying tax in full	10
陆续	lùxù	*ad.*	in succession	11
录音棚	lùyīnpéng	*n.*	recording studio	32
屡见不鲜	lǚ jiàn bù xiān		frequent; commonplace	32
履约	lǚyuē	*v.*	perform the contract	1
掠夺	lüèduó	*v.*	plunder	19

M

漫长	màncháng	*a.*	very long; endless	29
没辙	méi zhé		no way out	17
媒体	méitǐ	*n.*	media	1

弥补	míbǔ	*v.*	make up	19
迷惑	míhuò	*v.*	confuse	11
密码	mìmǎ	*n.*	password	12
蜜月	mìyuè	*n.*	honeymoon	30
绵薄	miánbó	*a.*	modest	6
瞄准	miáozhǔn	*v.*	take aim	15
民愤	mínfèn	*n.*	popular indignation	26
名誉	míngyù	*n.*	fame; reputation	6
鸣谢	míngxiè	*v.*	express gratitude; acknowledgement	32
模式	móshì	*n.*	mode; pattern	31
没收	mòshōu	*v.*	confiscate	20
陌生	mòshēng	*a.*	strange	63
慕名	mùmíng	*v.*	on account of someone's reputation	1

N

耐心	nàixīn	*a.*	patient	22
内控	nèikòng	*v.*	internal control	14
内幕	nèimù	*n.*	inside story	13
拟	nǐ	*v.*	intend; plan	30
拗不过	niùbuguò	*v.*	unable to dissuade	3

P

攀升	pānshēng	*v.*	rise	16
盼头	pàntou	*n.*	something to look forward to	28
配置	pèizhì	*v.*	deploy	2
纰漏	pīlòu	*n.*	flaw; mistake	11
披露	pīlù	*v.*	reveal; disclose	7
频繁	pínfán	*a.*	frequent	8
频繁	pínfán	*a.*	frequent	8
平手	píngshǒu	*n.*	draw; tie	18

评判	píngpàn	*v.*	judge	8
凭借	píngjiè	*v.*	rely on	27
凭证	píngzhèng	*n.*	proof; evidence	5
迫于无奈	pò yú wúnài		phrase be forced and have no choice	18

Q

凄惨	qīcǎn	*a.*	miserable	31
凄凉	qīliáng	*a.*	desolate; dreary	28
期限	qīxiàn	*n.*	period	22
牵动	qiāndòng	*v.*	affect	19
牵头	qiān tóu		take the lead	20
前科	qiánkē	*n.*	criminal record	26
潜在	qiánzài	*a.*	potential	30
遣返	qiǎnfǎn	*v.*	repatriate	15
强势	qiángshì	*a.*	in a strong position	3
巧合	qiǎohé	*n.*	coincidence	24
窃取	qièqǔ	*v.*	steal	22
侵犯	qīnfàn	*v.*	violate	22
侵权	qīnquán	*v.*	tort	5
轻率	qīngshuài	*a.*	rash; careless	10
倾家荡产	qīng jiā dàng chǎn		ruin one's entire fortune	23
清白	qīngbái	*a.*	clean; innocent	8
晴天霹雳	qíngtiān pīlì		bolt from the blue	21
穷追猛打	qióng zhuī měng dǎ		hot pursuit	17
区区	qūqū	*a.*	trivial	33
驱使	qūshǐ	*v.*	drive	17
渠道	qúdào	*n.*	channel	1
权衡	quánhéng	*v.*	weigh up; balance	31
权属	quánshǔ		ownership	21
缺席	quē xí		be absent	6

R

扰乱	rǎoluàn	*v.*	disturb	3
热门	rèmén	*a.*	popular; in great demand	32
人为	rénwéi	*a.*	man-made	19
人心惶惶	rénxīn huánghuáng		panic	19
仁慈	háncí	*a.*	kind; merciful	8
认知度	rènzhīdù	*n.*	degree of recognition	27

S

闪离	shǎnlí		flash divorce	30
善后	shànhòu	*v.*	deal with the aftermath; rehabilitate	28
擅自	shànzì	*ad.*	arbitrarily	5
涉案	shè'àn	*v.*	involved in the case	6
神话	shénhuà	*n.*	myth	13
神秘	shénmì	*a.*	mystic; mysterious	12
神奇	shénqí	*a.*	magical	13
升迁	shēngqiān	*v.*	promote	7
声誉	shēngyù	*n.*	reputation	6
绳之以法	shéng zhī yǐ fǎ		bring to justice	19
失踪	shīzōng	*v.*	disappear; be missing	4
时髦	shímáo	*a.*	fashionable	30
识别	shíbié	*v.*	distinguish; discern	27
实践	shíjiàn	*v.*	practice	25
实力	shílì	*n.*	strength	33
实施	shíshī	*v.*	implement; carry out	18
史无前例	shǐ wú qián lì		unprecedented	29
收敛	shōuliǎn	*v.*	weaken; restrain oneself	24
受贿	shòu huì		accept bribes	20
授权	shòuquán	*v.*	authorize	5
疏忽	shūhu	*v.*	neglect	9

疏漏	shūlòu	*n.*	omission	12
疏通	shūtōng	*v.*	mediate; unclog	20
赎回	shúhuí	*v.*	redeem	9
衰竭	shuāijié	*v.*	failure	7
司法	sīfǎ	*n.*	judicature	25
私了	sīliǎo	*v.*	settle privately; settle out of court	8
思路	sīlù	*n.*	line of thought	2
怂恿	sǒngyǒng	*v.*	tempt; urge; entice	26
诉苦	sù kǔ		complain	9
诉讼	sùsòng	*n.*	lawsuit; litigation	1
素质	sùzhì	*n.*	quality	14
索取	suǒqǔ	*v.*	claim; extort	10
琐屑	suǒxiè	*a.*	trivial	33

T

贪图	tāntú	*v.*	covet; seek	4
贪欲	tānyù	*n.*	lust; avarice	31
坦陈	tǎnchéng	*v.*	frankly stated	31
逃匿	táonì	*v.*	go into hiding	16
逃逸	táoyì	*v.*	escape	16
讨债	tǎo zài		debt collection	21
套购	tàogòu	*v.*	illegally buy up	17
调解	tiáojiě	*v.*	mediate	9
特快专递	tèkuài zhuāndì	*n.*	EMS	30
腾房	téng fáng		vacate; clear out of the apartment	21
题材	tícái	*n.*	theme; subject matter	32
听证	tīngzhèng	*v.*	hearing	10
偷税	tōu shuì		evade taxes	10
透支	tòuzhī	*v.*	overdraw; overdraft	16
突发	tūfā	*v.*	happen suddenly	31

推论	tuīlùn	*n./v.*	infer; make an inference	1
退缩	tuìsuō	*v.*	hang back; flinch	23
脱水	tuō shuǐ		dehydrate	22
妥善	tuǒshàn	*a.*	properly	11
椭圆	tuǒyuán	*a.*	ellipse; oval	27

W

外渗	wàishèn	*v.*	leakage; infiltrate	31
网扣	wǎngkòu	*v.*	deduction through the network	11
网迷	wǎngmí	*n.*	web fan	24
网瘾	wǎngyǐn	*n.*	Internet addiction	24
危害	wēihài	*v.*	harm; endanger	27
危在旦夕	wēi zài dànxī		in imminent danger	28
威胁	wēixié	*v.*	threat	23
委托	wěituō	*v.*	entrust	5
稳定	wěndìng	*a.*	stable	21
窝囊	wōnang	*a.*	helplessly vexed	1
诬告	wūgào	*v.*	lodge a false accusation	10
诬陷	wūxiàn	*v.*	frame (up)	2
无辜	wúgū	*a.*	innocent	7
无奈	wúnài	*a.*	helpless	12

X

牺牲	xīshēng	*v.*	sacrifice	31
悉心	xīxīn	*a.*	take the utmost care	19
瑕疵	xiácī	*n.*	flaw	1
显赫	xiǎnhè	*a.*	prominent; outstanding	28
显现	xiǎnxiàn	*v.*	appear	16
陷害	xiànhài	*v.*	frame up	24
消遣	xiāoqiǎn	*v.*	pastime	24

嚣张气焰	xiāozhāng qìyàn		arrogance	20
效力	xiàolì	*n.*	effect	10
泄漏	xièlòu	*v.*	leak; let out	11
辛苦	xīnkǔ	*a.*	working hard; laborious	16
行贿	xíng huì		bribe	20
行政	xíngzhèng	*n.*	administration	10
性价比	xìngjiàbǐ	*n.*	cost performance; price ratio	23
性能	xìngnéng	*n.*	function; capability	12
性质	xìngzhì	*n.*	nature	33
雄厚	xiónghòu	*a.*	strong; abundant	33
蓄意	xùyì	*v.*	deliberate	7
学业	xuéyè	*n.*	studies	8
血本	xuèběn	*n.*	original capital	25
血汗钱	xuèhànqián	*n.*	hard-earned money	26
寻常	xúncháng	*a.*	ordinary; common	16

Y

掩盖	yǎngài	*v.*	cover up	3
演播厅	yǎnbōtīng	*n.*	studio	25
养殖	yǎngzhí	*v.*	breed; cultivate	26
腰包	yāobāo	*n.*	pocket; purse	25
业绩	yèjì	*n.*	results	16
一斑	yìbān	*n.*	one spot	23
一夜暴富	yí yè bào fù		become extremely rich overnight	26
移民局	yímínjú	*n.*	immigration office	15
移情别恋	yí qíng bié liàn		be faithless and love another person	7
遗漏	yílòu	*v.*	miss	12
以小搏大	yǐ xiǎo bó dà		the small winning over the big	23
议案	yì'àn	*n.*	proposal, motion; bill	30
异议	yìyì	*n.*	objection	18

意识	yìshi	*n.*	awareness	12
意图	yìtú	*n.*	intention	2
因素	yīnsù	*n.*	factor	6
阴毒	yīndú	*a.*	insidious	7
引诱	yǐnyòu	*v.*	induce	5
隐蔽	yǐnbì	*v.*	hide; conceal	10
隐患	yǐnhuàn	*n.*	hidden danger	12
隐瞒	yǐnmán	*v.*	hide; conceal	24
印鉴	yìnjiàn	*n.*	seal	14
应急	yìngjí	*v.*	meet an emergency	31
蝇头小利	yíngtóu xiǎo lì		small profit	33
优势	yōushì	*n.*	advantage	16
幽灵	yōulíng	*n.*	ghost	15
悠久	yōujiǔ	*a.*	long	27
游荡	yóudàng	*v.*	loiter; loaf about	15
诱饵	yòu'ěr	*n.*	bait	15
逾期	yú qī		exceed the time limit; be overdue	22
愚蠢	yúchǔn	*a.*	stupid; silly	17
欲望	yùwàng	*n.*	desire	19
约定俗成	yuē dìng sù chéng		accepted through common practice	29
运作	yùnzuò	*v.*	operate	13

Z

赃款	zāngkuǎn	*n.*	ill-gotten money	20
糟心	zāoxīn	*a.*	annoyed	8
战术	zhànshù	*n.*	tactics	2
掌管	zhǎngguǎn	*v.*	administer; be in charge of	30
招揽	zhāolǎn	*v.*	recruit; attract	26
肇事	zhàoshì	*v.*	caus trouble	31
震慑	zhènshè	*v.*	deter	17

证据链	zhèngjùliàn	*n.*	chain of evidence	21
知名度	zhīmíngdù	*n.*	popularity	22
执笔	zhí bǐ		do the actual writing	15
指标	zhǐbiāo	*n.*	quota; target	15
指控	zhǐkòng	*v.*	charge; accuse	20
制约	zhìyuē	*v.*	constrain; restrict	22
质疑	zhìyí	*v.*	call in question	1
质证	zhìzhèng	*v.*	cross-examination	27
致富	zhìfù	*v.*	become rich	26
致函	zhì hán		send a letter	27
智力	zhìlì	*n.*	intelligence	24
滞留	zhìliú	*v.*	linger; hold up	15
中介	zhōngjiè	*n.*	agent	3
忠臣	zhōngchén	*n.*	official loyal to his sovereign	29
周旋	zhōuxuán	*v.*	struggle with	23
主流	zhǔliú	*n.*	main stream	23
注销	zhùxiāo	*v.*	cancel	28
转机	zhuǎnjī	*n.*	a favourable turn	10
转嫁	zhuǎnjià	*v.*	impute to	26
转让	zhuǎnràng	*v.*	transfer	30
转危为安	zhuǎn wēi wéi ān		be past danger; pull through	7
撰稿	zhuàn gǎo		write articles	14
状态	zhuàngtài	*n.*	form; state	8
追究	zhuījiū	*v.*	call to account; investigate	3
追索	zhuīsuǒ	*v.*	recover; recourse	1
拙劣	zhuōliè	*a.*	bad; crude	17
酌情	zhuóqíng	*v.*	at one's discretion	5
着色	zhuó sè		coloration	29
资不抵债	zī bù dǐ zhài		insolvent	28
资源	zīyuán	*n.*	resource	19

自制能力	zìzhì nénglì		self-control	24
字幕	zìmù	*n.*	subtitle; caption	32
走私	zǒu sī		smuggle	20
租赁	zūlìn	*v.*	lease	2
祖师爷	zǔshīyé	*n.*	the founder of a sect	29
遵循	zūnxún	*v.*	follow; abide by	27